目次

はじめに

近代という時代、その延長線上にある現代という時代の主役は、もちろん自然科学です。人文科学とか社会科学とか言いますが、どの国でも自然科学に重きを置いていることは間違いがなく、それは実際に私たちの生活に役立つからです。国の経済を支えるものは、かつては農業であったかもしれないが、いまは工業技術であり、その技術は自然科学の賜物です。また、私たちのコミュニケーションひとつをとっても、携帯電話やスマートフォンの類は、すべてこれ工業技術の賜物です。そういうわけで、私たちはまさに自然科学のおかげで生きていると言えるのです。

教育も、ですから、科学の教育を優先するのは当然です。国の将来が、どれだけ国民が科学に親しみ、科学的な発想でものを考え、とくに物をどれだけ科学的知識を利用してつくれるか、ということにかかっているのです。長く文系にいた私自身も、科学をけっして嫌いではないし、科学的にものを考えることは必要なことだと思っています。科学のさらなる発達を望むという点で、他の多くの人と同じだろうと思います。

そもそも、この私の健康を保障してくれるものも、科学にほかなりません。医学という科学の一部門は、私たちの生を直接に保障するものなのです。どの病院に行っても、そこではたらくお医者さんたちは、いずれもが科学者です。彼らは最新の医療技術をつかって病気をなおそうとし、病気があるかないかを検査しますが、決して技術者ではなく、科学者なのです。そのことひとつとっても、私たちは大いに科学に依存している。私たちは、まさに科学の時代の人間なのです。

ところが、そういう時代にありながら、そういう時代を生きているという自覚をもちながら、なお私はこれから文学の話をしようと思っています。「文学は私たちにとってほんとうに必要なのか」、それについて話そうというのです。もし必要がないのなら、好きな人だけがそれと付き合えばよく、なにも教科のなかにとり入れる必要などない。しかし、もし必要だというのなら、これをしっかり子どもに教育していくべきであり、また世間一般の人々をもっと文学に近づけていかねばならないのです。文学は必要か、否か。答えはふたつのうちひとつ。私はいうまでもなく、「必要」という立場です。以下、そのわけを述べていくことになります。

多くの人にとって文学は楽しみであり、趣味であって、それ以上でも以下でもない。そうにはちがいありませんが、文学が人間の生に深く根ざすものであり、生きることと直結しているということを、ここでは強調したいと思います。私に言わせれば、文学は個人の心を育て、社会を育て、人類の生を守るもの。本書では、そのことをさまざまな角度から説明していこうと思います。

文学の中心は歌と物語です。いずれもが生き物としての人間に必然的に生まれたものであることをここでは強調します。とはいえ、人間の自然に密着しているからといって、これを放置すれば、社会の圧迫や理知の過度な発達によって疎外される運命にもある。科学の時代であればこそ、文学が必要なのです。歌も、物語も、これを意図的に守らねばならず、教育によって強化しなくてはならないのです。

人間の思考はまずメタファー（隠喩）によって発達し、そのあと論理による思考へと移行し、そこから理知の世界が生まれます。科学はこの理知の賜物です。しかし、すべての思考の基礎がメタファー的、すなわち文学的思考である以上、この思考がしっかり育たなければ理知の世界の発展は期待できず、自然科学も十全な発達を見ないのです。つまり、自然科学の健全な発達のためにも文学は必要なのです。

近代になって、「個人の文学」という特殊なものが生まれたことについても、本書では触れてみたいと思います。どうして、近代になるとそうした文学が生まれたのか。これには、そうなるべき必然性と必要性があったのです。一方、私は最近になって「文学クラウド」（literary cloud）というものについても考えています。これについても、一言触れるつもりです。というわけで、本書は短い中にもたくさんのことを盛り込むことになります。

文学は私たちの生にとって必要不可欠。そのことさえ読者に伝われば、本書の目指すところは達成されたと言えるでしょう。

なお、本書にはいろいろな本からの引用があります。文学作品からの引用については、まず原文をかかげ、それに拙訳を付すようにします。すでに他の人による素晴らしい訳がある場合、訳者の名を入れて引用します。

第一章　歌はいのちの力

1　歌は文学か

世の中には、文学が好きという人がいます。逆に、そういう本はまず読まないという人もいます。私個人は幼い時から文学が好きで、多くの人と同様、まずは物語が好きでした。そしてあるときから、詩というものもいいものだと思うようになりました。

中学生になったころだと思います。村野四郎という人の書いた、中学生向きの現代詩入門の本でした（『現代詩の味わい方』）。そこには多くの現代日本の詩人の作品が載せられており、それらについての村野氏の解説は非常に納得のいくものでした。この本によって、詩について開眼させられたといいえます。

とはいえ、そのときの私にとって、詩とは文字で書かれ、黙読されるものでした。そのころの私には、詩と歌はまったくちがうものとしてあったのです。歌うことは好きでも、メロディーの方にばかり気をとられ、歌詞までは目にとまりませんでした。これが誤りだと気づいたのは後々のことで、ようやく歌詞もまた詩であるとわかったのです。以来、私の中で、詩と歌はひとつになりました。歌も詩であるからには、もちろん文学であるにちがいありません。

もっとも、昨今の流行歌を聞くと、作詞者が詩を作ろうという意識を持っていないのではないかと思わざるを得ないものが多い。歌詞が貧しいのです。若い人に会うと言うのですが、もう少しマシな歌詞の歌を歌ってほしい。使いふるされた言葉の氾濫。あるいは意味不明の羅列。そんなものでは、人の心を打つことなどできません。作詞者は、もう少し歌というものを「文学」として考えるべきだと思います。

明治時代には文部省唱歌というのがあり、そこには文学として立派な歌が多い。たとえば、次の唱歌。

兎おひし彼の山　小鮒釣りし彼の川
夢は今も巡りて　忘れ難き故郷
如何にゐます父母　つつがなしや友がき
雨に風につけても　思ひ出づる故郷
志を果たして　いつの日にか帰らん
山は青き故郷　水は清き故郷

今でも愛唱されている「故郷」（ふるさと）です。冒頭の「兎おひし彼の山、小鮒釣りし彼の川」を見れば、「彼の山」と「彼の川」が対比され、それに「兎おひ」と「小鮒釣り」の対比が呼応しています。このような対比と呼応こそは、古くから文学の手法として用いられてきたものです。

それだけではない。この歌は三段構成になっていて、第一段が最初の二行、第二段が次の二行、第三段が残りの二行です。第一段では「山」や「川」といった故郷の自然をうたい、第二段では「父母」「友がき」のように人間関係をうたっている。そして第三段で、「志」と「帰らん」いう言葉で、個人の思いを表しているのです。冒頭の故郷へのなつかしい思いから発展して、ひと旗あげて故郷へ戻るのだという決意で終わる。最後は最初の「山」と「川」の対比に戻って、「山」と「水」で終わるのです。ひとつの物語の完結。見事な出来ばえではありませんか。

こんなことを言うと、なに、文学というのは形式のことか？　そう疑問を発する人がいるかもしれません。そのとおり、文学が文学であるのは、それが言葉の世界であるだけでなく、一定の形式をもつことによるのです。

たとえば、日本文学では古くから五七調というのがあって、これが和歌や俳句の形式になっている。中国の詩は絶句とか律とかあって、これまた音韻の対応規則に従い、対比表現を多用して均整を保っている。西洋の詩の場合も同じで、頭韻だとか脚韻だとか音韻を整えるだけでなく、段と段の相互関係や筋の展開についてまで形式美を追求している。そういうわけで、文学とは言葉の形式美に基づくものなのです。無論、それは見た目の形式美ではなく、耳に聞こえる形式美です。

ところで、二〇一六年度のノーベル文学賞受賞者は、アメリカのフォークソング歌手・ボブ・ディラン（Bob Dylan）となりました。どうして一介の歌手が、と不思議がる人もいたかもしれませんが、私に言わせれば、彼は現代の吟遊詩人であり、立派な文学者です。

吟遊詩人（bard）とは、世の中を見つめ、我が身を見つめ、それを多くの人々が共有できる言葉にして歌ってまわる人のことです。彼はまさにそういう人です。そういう彼の歌を文学として認め、これに賞を与えることを決した選考委員会に、わたしは敬意を表します。と同時に、ここ数年、ディランの歌にかぎらず、世界のあちこちに生まれた歌、多くの人が愛唱する歌を文学として考えてきた私です。ディランの受賞はむべなるかな。

ディランの歌は日本ではほとんど知られていません。六〇年代、七〇年代にフォーク・ソングが好きだった人なら、少しは知っているでしょう。しかし、最近の彼の歌など、ほとんど誰もが知らないのが現状です。そういう彼の歌、いったいどこが文学なのでしょうか。

まず言えるのは、彼の歌には言葉の芸、すなわち文芸があるということです。先に述べた形式美もあります。彼の声はだみ声で、聴きやすいとは言えませんが、それなりに味わいのある歌い方です。しかし、いまそれは置いておいて、彼の歌詞がとてもよく出来たものであることを述べたいと思います。

ディランがすぐれた詩人であることは、英語圏ではかなりの人が認めています。学校の国語の時間に教材として彼の歌を取り上げるといった教師がかなりいると聞いていますし、彼の歌詞を集めて詩集として出している出版社もあります（*Bob Dylan Lyrics*：1962-2001）。日本でも彼を詩人として認めている人がいるようで、その訳詩集が出ています（片桐ユズル、中山容訳）。そういうわけで、彼の歌はメロディーを離れて、詩として読まれてもいるのです。

彼の歌はアメリカの民謡を継承しています。その民謡といえば、元はアイルランドやイギリスのバラード（＝物語歌）です。彼はそうした伝統を踏まえ、そこにフランスのランボー（Arthur Rimbaud）やウェールズのディラン・トーマス（Dylan Thomas）の近代詩感覚をとり入れました。なんともすごいことですが、とくに、その英語が会話体でありながら非常に豊かであるのが特長です。ときおり黒人の口語表現や英国の古語などはさみこんで、世の中の動きを観察し、それに批評を加え、社会感覚に満ちた文芸となっています。

初期の作品、"Like a Rolling Stone"（転がる石のように）という歌を見ましょう。ロック調のメロディーとリズムなのに、歌詞は端正なつくりです。最初の一節だけ、紹介します。

Once upon a time you dressed so fine
Threw the bums a dime in your prime, didn't you?
People'd call, say, "Beware doll, you're bound to fall"
You thought they were all a'kiddin' you
You used to laugh about
Everybody that was hangin' out
Now you don't talk so loud

Now you don't seem so proud
About having to be scrounging your next meal
How does it feel?
How does it feel?
To be without home?
Like a complete unknown?
Like a rolling stone?
昔、君、ずいぶんといい格好してたよね
乗りに乗って、乞食に小銭なんか投げてね
気をつけな、いつか落ちるよって、みんなに言われても、
何を馬鹿な、ってそう思ってたんだろう、
君を取り巻くだれでもを
君は馬鹿にしてたんだ
でも今じゃ、そうデカい口は聞けないね
もう、前みたいにえらそうにしてもいないみたいだな
なにせ、飯にありつくのもやっとだからね
どんな気分だい？

どんな気分なんだい？
住む家もなくってさ
誰も君のことを知らなくってさ
まるで転がる石みたいじゃないか

タイトルの"Like a Rolling Stone"だけを見ると、ことわざの"A rolling stone gathers no moss"（転がる石に苔むさず）を思い出します。しかし、ディランの歌はそうした教訓を含みません。

歌詞を見ればわかるように、初めは裕福な家庭に生まれて、世間をバカにしていた若者が、いまや落ちぶれて、三度の食事もおぼつかなくなっている様を歌っているのです。だからといって、「みなさん、こんな風にならないように気をつけましょう」と言っているわけではなく、「どんな気分だい？どんな気分なんだい？住む家もなくってさ、誰も君のことを知らなくってさ、まるで転がる石みたいじゃないか」（How does it feel? How does it feel? To be without home? Like a complete unknown? Like a rolling stone?）とたたみかけるように叫ぶ最後の数行に、嘲笑を含みつつも、憤りとともに同情を表しているのです。

感情の錯綜にこそ、この歌の醍醐味があります。ディランの他の歌もそうなのですが、彼が表現する感情は思いのほかに複雑で、相反する感情が同時に表出しています。これは、人間の様々な感情に言葉を与える意志がないとできないことで、通俗な歌とはそこがちがいます。

“Like a rolling stone” をここに引いたのは、前にも言った形式美があるからです。たとえば、二行目の末尾の ‘didn’t you?’ と四行目の末尾の ‘kiddin’ you’ は非常に音が似かよっています。また、五行目と六行目の末尾は、‘about’ と ‘out’ で韻を踏んでいます。さらに、七行目の末尾の ‘loud’ と ‘proud’ もそうです。では、そのあとはどうかというと、九行目の末尾の ‘meal’ と十行目の末尾の ‘feel’ も同様に韻を踏んでいるのです。そして、最後の三行も、末尾の ‘home’ ‘unknown’ ‘stone’ がほぼ同じ音になっているのです。完全な脚韻形式になってはいませんが、それでも形式美は保っています。そして、その制約のなかで、心の思いを歌いあげているのです。

一方、歌詞の内容ですが、そこからは横溢な批評意識と社会感覚が見てとれます。ディランの歌の文学性とはざっとこのようなもので、歌が文学であるということの、よい証左と言えるでしょう。

2　ファドの文学性

ポルトガルにファド（fado）という歌のジャンルがあります。南スペインのフラメンコと比べられもしますが、要するに、日本の演歌に相当するものです。恋の恨みがテーマのほとんどで、メロディーも哀調を帯びた覚えやすいものになっている。そういうところが「演歌」なのです。アマリア・ロドリゲス（Amália Rodrigues）が、このジャンルの代表歌手でした。

こうした演歌的ファドに対して反旗を翻したのが新しいファドです。モザンビーク生まれの黒人と白人の混血女性歌手マリーザ（Mariza）の歌うファドがそれです。彼女のファドには、たとえばファドについて語ったポルトガルの代表的詩人、フェルナンド・ペソア（Fernando Pesoa）の詩がそのまま歌になったものがあります。それだけでも、この新しいファドが「文学」であろうとする姿勢が見てとれます。

ペソアの詩を歌にしたものついてはあとで触れることにして、ここではまず新ファドのマニフェスト（＝宣言）とも言うべき"Recusa"（「拒絶」）という歌を取りあげます。

Se ser fadista, é ser lua,
É perder o sol de vista,
Se ser fadista, é ser lua,
É perder o sol de vista,
Se tanto que se insinua,
Então, eu não sou fadista

ファドを唄うには月にならなければっていうのなら
太陽を見ちゃいけないっていうのなら
ファドを唄うには月にならなければっていうのなら
太陽を見ちゃいけないっていうのなら
ほのめかしばかりがいいっていうのなら
だったら私、ファド歌手なんかじゃない。

ここでの「月」と「ほのめかし」は、従来のファドを表しています。そんなファドを歌わなければならないくらいなら、「自分はファド歌手なんかじゃない」と、従来のファドを「拒絶」しているのです。すなわち、自分は陰気な「月」ではなく陽気な「太陽」であり、「ほのめかし」に頼らずに歌いたいのだという意志表明。「月」と「太陽」がメタファー（metaphor＝たとえ）として用いられていることは言うまでもありません。

では、この歌は単に従来のファドの「拒絶」に終わるのかというと、そうではありません。新しいファドを生み出そうという決意が最後の一節に現れます。

Mas se é partir à conquista
De tanto verso ignorado

Mas se é partir à conquista
De tanto verso ignorado
Então eu não sou fadista
Eu sou mesmo o próprio fado.
でも、もしファドが未知の世界の開拓なら
埋もれていたこんなにたくさんの歌の開拓なら
でも、もしファドが未知の世界の開拓なら
埋もれていたこんなにたくさんの歌の開拓なら
だったら私、ファド歌手なんかじゃないけれど
自分はファドそのものだって言いたい。

繰り返しの表現が多くて、歌詞として物足りない点はあるけれども、言いたいことは明快です。すなわち、これからのファドは「未知の世界の開拓」「埋もれていたたくさんの歌の開拓」にあるのだ、と言っているのです。しかも、最後に、「自分はファド歌手ではなく、ファドそのものだ」と言っているのですから、「埋もれていた歌の開拓者、ここにあり」と宣言しているのです。まさに、新ファドのマニフェストといえるでしょう。

マリーザの歌い方はどうか。この歌の主張にぴったりの歌い方です。従来のファド唱法とちが

って、声がかわいており、軽快で、センチメンタルな面がまったくないのです。感傷的な恨みの表現に長けていた、あのアマリア・ロドリゲスとはまったく異なるファド。ぜひ一度、聴いてみてください。

どうしてこのような新しい歌が生まれたのか。思うにそれは、ファドがポルトガル人の心の表現でありながら、マンネリ化して、現代の生きた感覚と合わなくなっているからです。それとはちがった、新しいファドが生まれることで、同じファドがつづきながらも、自己変革がなされたのです。過去から現在へとつながる伝統をこわさずに、新たな空気を吹き込む。これこそが本当の変革でしょう。

こんなことをいうのも、日本の演歌にそういう新風が巻きおこっているように思えないからです。ファドはポルトガル人の心の表現であればこそ、それを乗り越えた新しいファドが生まれることで、現代のポルトガル人の心の表現となり得た。一方、日本の演歌は旧態然としており、現代日本人の心の反映をそこに見つけることができないように思えるのです。これはまことに残念なことです。現代日本人の心の表現、すなわち抒情は、どんな歌に見つかるのか。もし見つかるならば、教えていただきたいと思います。仮にどこにも見つからないのならば、たいへん深刻な事態と言わざるを得ません。

フェルナンド・ペソアの詩がマリーザのファドになっている例を紹介します。歌詞は彼の詩集“*Poesias Inéditas* 1919–30”に収められているものの一部が省かれたものです。第一節のみ紹介します。

Há uma música do povo,
Nem sei dizer se é um Fado
Que ouvindo-a há um ritmo novo
No ser que tenho guardado
Ouvindo-a sou quem seria
Se desejar fosse ser
É uma simples melodia
Das que se aprendem a viver
Mas é tão consoladora
A vaga e triste canção
Que a minha alma já não chora
Nem eu tenho coraçao
Sou uma emoção estrangeira,
Um erro de sonho ido
Canto de qualquer maneira

E acabo com um sentido!
民衆の音楽というのがある
それがファドかどうかは知らないけれど
聞いているとリズムが新しく生まれる
ずっと私のなかに保ってきた存在
聞いていると　何にでもなれる気がする
それを願うだけで
単純なメロディーだ
それで生き方がわかってくる
本当に心が休まるんだ
この淡くて悲しい歌で
私の魂はもう泣くことを知らなくなっている
心さえもなくなっている
よそ者の心になってしまったのだ
過ぎ去った夢の迷いなのだ
でも歌ってみる、ともかく歌ってみる
すると、何と、意味が生まれ出る！

内容は先ほどの「拒絶」(Recusa) とは正反対です。ファドという「民衆の音楽」(música do povo) への賛歌と言っていいものです。

では、どうしてそのような賛歌が従来のファドへの抵抗として現れているのか。この歌がポルトガルを代表する詩人の言葉だからというだけではなく、ファドという「民衆の歌」を、そこからは遠く隔たった、ほとんど「異邦人の心」(uma emoção estrangeira) で評価する視点をもつからです。故郷喪失者の詩人が (なぜなら、ペソアはその青春の大部分を南アフリカで過ごし、英語をほとんど母語としていた)、生きる「意味」(um sentido) を見出すことのできる心の拠り所としてファドを示す。新しいファドは、異邦人的詩人の眼を借りることで、ファドを定義しなおし、そこにあらたな価値を見出すのです。

そんな面倒なことをどうしてするのか、と問う人もいるでしょう。私に言わせれば、時代が変われば人心も変わる。そんなときに、伝統を捨て去るのではなく、それでもなおその伝統をつづけていこうとすれば、そうした定義のし直しや再評価が必要になるのです。日本でも、俳諧が誕生したときがそうだったのではないでしょうか。それまでの和歌を茶化しつつ、和歌の心の再編、再生を行ったのが俳諧ではなかったかと思います。

あるいは、『古今和歌集』を継承し、しかし時代の中心が貴族から武家へと移り変わったことを踏まえての『新古今集』もそうだったかもしれません。時代の変化を乗り越えるにあたって、旧いものを捨て去るという方法もあるけれど、ファドのように自己変革して新ファドに至る、という道もあるのです。

ところで、こうした新しいファドを世界中にひろめているマリーザは、あるインタビューでこんなことを言っています。「自分はモダンビーク生まれで、リスボンの人間ではない。したがって、人は私のことを本当のファド歌手ではないと思うかもしれない。なぜなら、ファドはリスボンという港町に結びついてきたものだから。しかし、自分に言わせれば、ファドは心の故郷の歌であって、私のように故郷を失った人間こそが歌えるものではないだろうか。歌というものは、故郷の喪失者が心の中に故郷を求めるとき、生まれるものではないだろうか。」

私はこうした彼女の言葉に、彼女のファドへの愛着と同時に、距離を置いてそれを見つめることのできる知性を感じます。そして、歌とはほんとうに文学だ、とあらためて感じるのです。彼女がペソアの歌を選んで歌ったのも、むべなるかな！

3　文学のクラウドはあるのか

人類は歌とともに生きてきました。今でもそうです。誰しもが歌で心を表してきたのです。嬉しい気持ちを歌で表し、悲しい気持ちもまた歌で表す。文学とはそうした歌の心に根ざすものであり、「文学の起源は歌である」と言ってよいように思います。というのも、世界中どこへ行っても歌はあるし、また大昔から歌はある。一方、たとえば小説などは、最近になって一部の社会で発達したものにすぎない。したがって、小説が文学の起源だなどとは誰も言わないのです。

歌が文学の起源であるということは、文学の根底は感情表現であるということを意味します。なんといっても、感情表現の最たるものが歌なのですから。

しかしながら、そうはいっても、泣き叫んでも感情表現だし、怒り狂って相手を殴りつけるのも感情表現です。これらと歌とは区別しなくてはなりません。歌はむきだしの感情表現とは異なり、さまざまな制約のもとで、言葉という他者との共有物を用い、一定の形式美を伴ったものなのです。

つまり、歌は単なる感情表現ではなく、感情表現を乗り越えたレベルで表現されるものであり、感情を美的な形にまとめ上げたものである。言い換えれば、単なる感情表現からアップグレードさせたものが歌である。人類の人類である所以は、そういう意味での歌を生み出すことができたということにあるのではないでしょうか。

もっとも、こうした論は言ってみれば「感情起源論」であって、人間中心の考え方です。この「感情起源論」に対して、異論を提出している人もいるのです。

たとえば折口信夫は、日本文学の起源は「のりと」であると言っていますが(『日本文学の発生』)、彼のいう「のりと」とは、神からの御託宣のことであって、神に対しての感謝と敬意をこめた「祝詞」ではないのです。そうなると、文学は神の言葉から発したものであるということになります。果たして、歌は人間の営為として始まったのか、それとも神の営為として始まったものか。そこが問題となります。

折口の考え方は、日本列島の先住民であるアイヌ人にも見られるものです。アイヌ人からすると、文学は人間以上のもの、天上の神の声であって、人間はただそれを翻訳するだけのものです。おそらく、現代の多くの人は、人間の感情表現の発達したものが歌だと思っているでしょうから、こうした説は受け入れがたいにちがいありませんが、現代という時代が宗教ばなれの時代であるからそう思うだけであって、それ以上ではないのです。

つまり、折口の文学発生論も、アイヌ人の歌謡観も、一概に否定はできない。私たちは、ほんとうに歌が人間の生み出したものなのか、そこをもっと考えてみなくてはいけません。

アイヌ人にとって、歌はどのようにして神のものであり、人間のものではないのでしょうか。そもそもアイヌの文学は文字のないところに生まれたものですが、そのなかで最も重要なのは「神謡」と呼ばれる叙事歌で、これは神の歌なのです。

アイヌ神謡は、アイヌ研究者の金田一京助が大正時代に北海道から東京へつれてきた知里幸恵という若いアイヌ女性によってはじめて日本語になったもので、彼女の訳注による『アイヌ神謡集』は一読、二読に値するすばらしい本であると記憶してください。アイヌ語と日本語の対訳になっているこの書がなかったなら、アイヌ語とアイヌ文学のすばらしさが今にまで残ることはなかったでしょう。それほどに、貴重な本です。

そのことはともかく、アイヌ神謡において歌い手は人間であっても、その人間は神が歌った歌を再現するだけの役割しか担わされていません。すなわち、神謡とは、神の言葉を人間の言葉に置き換えたものであり、歌い手は原作者である神と、享受者である聴衆との仲介者、通訳にすぎないのです。

一例を示しましょう。知里幸恵が訳したアイヌ神謡のひとつ、「ふくろうの神の自叙歌」は次のように始まります。

“Shirokanipe ranran pishkan, konkanipe
ranran pishkan.” arian rekpo chiki kane
petesoro sapash aine, ainukotan enkashike
chikush kor shichorpokun inkarash ko
teeta wenkur tane nishpa ne, teeta nishpa
tane wenkur ne kotom shiran.
「銀の滴降る降るまわりに、金の滴
降る降るまわりに。」という歌を私は歌いながら
流れに沿って下り、人間の村の上を
通りながら下を眺めると

昔の貧乏人が今お金持になっていて、昔のお金持が
今の貧乏人になっている様です。

ふくろうの神が自ら歌っている歌の出だしで、ここでの「私」とは人ではなく、人の世界を上空から見下ろすふくろうの神なのです。その神が上空から見た人間世界を語っていくのです。このような語り、非常に珍しいもののように思えるというのも、これが神の自叙伝、神の私小説の語りとなっているからです。歌は、天の神が生み出すもので、人間は地上にいて、それを聴くだけなのです。

では、こうした歌についての考えは、古代の日本人やアイヌ人にしかなかったのかといえば、そんなことはありません。神の歌が歌の起源だという考え方は、二〇世紀東北の詩人・宮沢賢治の考えにも見つかるし、一九世紀フランスの詩人アルチュール・ランボー（Arthur Rimbaud）の詩論にもみつかるのです。

たとえば、宮沢賢治は「龍と詩人」という物語のなかで、詩というものが「雲と風」からやってくるのだと言っています。それによれば、詩人たちは、その「雲と風」から詩を感じ取って、それをそれぞれの言語で表現するだけなのです。この考え方は、彼が「雲」というものを問題にしているだけに、現代風に言うと「クラウド」（cloud＝雲）ということになります。賢治は賢治なりに、詩のクラウド、文学クラウドを考えていたのでしょう。

一方のランボーは、「雲」には言及していませんが、古来、人類には「普遍的知性」(l'intelligence universelle) というのがあって、それを詩人たちはかじって詩にしてきたと言っています（ポール・デメニー宛書簡）。彼にとって、詩人という自我は決して詩の創造者ではなかった。詩とは、「普遍的知性」の断片が、それぞれの詩人によって受信され、それぞれの詩人は受信したものを自らの楽器によって音にしたものだったのです。このランボーの「普遍的知性」もまた、現代風に言えば、文学クラウドということになります。

文学的クラウドは、古代ギリシャではムーサ (Musa) と呼ばれる詩の神の存在に支えられていました。北欧ではブラギ (Bragi) という神が、それに相当します。詩人は詩神なしには存在できないという考え方はおそらく古くからあり、詩とは詩人の創作によるのではなく、詩人とは天の声を人間の声に翻訳する人なのだという考え方は、現在でも決して死に絶えてはいないと思います。

私自身はどう考えているかというと、古代日本人やアイヌ人、あるいは宮沢賢治やランボーの説にもろ手を挙げて賛成というわけではありません。一面では彼らに賛成しつつも、他面では、それでは不十分と見ているのです。すなわち、ある種の歌が神の声からきているという可能性はあるが、すべての歌がそうだというわけではない、という立場です。

というのも、人間の歌には、あきらかに鳥がさえずるように、声を出して感情表現をしている場合があり（とくに恋歌など）、それらが天の声であるとはどうしても思えないのです。生物言語学者の岡ノ谷和夫は言っています。鳥がさえずるのは異性を求めるときである、と。人間が歌うのも、すべてがそうではないにしても、恋心を表すときがいちばん多いのではないかと思います。これについては、江戸時代の学者・本居宣長もそう言っています。歌には感情表現という面があり、それはアイヌ神謡のような天の声とは、区別しなくてはならないでしょう。

ところで、神の存在と宗教は切りはなせませんから、歌が神から来るのなら、歌のもとは宗教ということにもなります。そうなると、宗教の存在は集団社会の形成とからんでいますので、歌の起源は社会であるということにもなります。しかし、その場合でも、たとえば異性を求める恋の歌は、歌が社会から生み出されるという説とは合致しません。というのも、歌が恋心から生まれるなら、それは自然から生まれるということであり、百歩ゆずっても、社会と自然の中間点でしか生まれないということになるからです。なんとなれば、恋愛とは異性を求めるという自然の欲求と、その結果として生まれてくる家族という社会の最小単位との、二つの要素を含みもつものだからです。この二つの要素は、必ずしも調和しないのです。

そうなると、しかし、歌の起源には実は深淵のような対立があり、その苦しみがすでに歌に宿されていることになります。私はこの考えに出くわして、考えれば考えるほどそうかもしれない、と思うようになりました。

というのも、『古事記』下巻の軽王（カルノミコ）の悲劇的な物語がふと記憶によみがえったからです。軽王は実妹の衣通姫（ソトオリヒメ）と近親相姦の関係になってしまい、それで王子の座を終われ、遠隔の地へ逃げ、最後にはそこへ彼を追ってきた妹とともに自死を遂げるのです。この悲劇から生まれた兄妹の一連の歌が『古事記』に記されています。歌とは、共同体と個人の情念との軋轢が生むものなのか。そうも思われてきます。

しかしながら、これもいただけないというのも、軽王と衣通姫の歌の応酬が決して『古事記』における最初の歌ではないからです。『古事記』における最初の歌は、須佐男之命（スサノヲノミコト）の「八雲立つ出雲八重垣妻籠みに八重垣作るその八重垣を」であり、それはもっと単純な、自らのノイローゼを克服し恋愛を成就した男の、さわやかな喜びに満ちた感情表現なのです。そう考えると、やはり歌の起源は単純な感情表現であったと考えるほうが正しいように思います。悲劇の誕生は、日本においても、おそらく古代のギリシャにおいても、単純な感情表現の終わった時代においてではなかったかと思われます。

4 古今集の文学理論を知ろう

日本文学は『古事記』に始まると言われます。奈良時代のことです。それ以前にも文学はあったにちがいありません。というのも、文字で書かれたものがなくても、歌うことはしていただろうし、物語を語り継ぐということもしていたはずだからです。しかし、文字がなかったので、それが記録されておらず、具体的にどういう作品があったのかはわかりません。『古事記』になって、ようやく文字のなかった時代の歌や物語が文字化されたのですが、無論、正確にそれらが記録されたという保証はどこにもなく、編集者の意図で、ある程度の形式や内容の改変があったと考えられます。

また、日本文学といっても、『古事記』に登場する物語や歌は、奈良時代より前の時代のものですので、そのころはまだ「日本」という国が出来上がっていなかったのですから、これをも含めて「日本文学」と呼ぶのはためらわれます。確実に日本文学と言えるものは、むしろその後の時代、すなわち平安時代において始まった、そう考えたほうが、間違いないでしょう。

なにを言うか、奈良時代には『万葉集』があるではないか。「万葉」の言葉は大和言葉であり、漢語ではないではないか、そう言い張る人もいるでしょう。けれども、「万葉」の言葉にはのちの日本語とも異なるものが見られ、私は必ずしもそれが日本文学だとは言い切れないと思っています。日本文学は平安時代においてこそその真の姿を表した、そのように考えるのです。むろん、『万葉集』にのちの日本文学の萌芽がそろっていることを、否定しはしませんけれど。

では、平安時代に生まれたその文学とは、どういう性格のものであったか。その後の日本文学の流れを考えるとき、なにより大事なのは九〇五年に編纂された『古今和歌集』でしょう。この和歌集が出たことで、日本文学の基本路線が定まったと言えるのです。

では、その基本路線とはなにか。『古今和歌集』の仮名序を見れば、それがわかります。仮名序というのはカナで書かれた序という意味で、これと並んで真名序、すなわち漢文で書かれた序があります。同じ序文に、和文と漢文のふたつがあるという事態。ここに日本文学および日本文化全般を理解する鍵があるのです。日本人にとって、外国の文字であるはずの漢字が「真名」すなわち本物で、みずからつくったカナ文字が「仮名」すなわち仮のものであるという認識。これは一体、どういうことでしょう。

この問題に入るのがここでの目的ではないので、簡単にしか言いませんが、長いあいだ日本人は漢文と和文の二刀流だったということをまず心にとどめなくてはなりません。しかも、漢文がつねに上位、和文が下位だったのです。このことは案外知られていないので言っておきたいのですが、日本文化とはつねにそういうものだということです。つまり、外国中心主義、自分たちは周縁であり、外国から学んで成長するのだという意識。その意識のうえに、この文化は成り立っているのです。

さて、そうではあるけれども、自分たちは大和の人間であって、唐の人間ではないという意識もたしかにありました。この意識の表現が『古今和歌集』なのです。その仮名序に見られるのは、ですから、まさに漢文学とは異なる日本文学の基本路線です。その路線とはどういうものだったか。まずは仮名序の冒頭部分を見てみましょう。同時に、真名序の冒頭部分も引いておきます。

やまとうたは　人の心を種として　万の言の葉とぞなれりける　世の中にある人　ことわざ繁きものなれば　心に思ふ事を　見るもの聞くものにつけて　言ひ出せるなり　花に鳴く鶯　水に住む蛙の声を聞けば　生きとし生きるもの　いづれか歌をよまざりける　力をも入れずして天地を動かし　目に見えぬ鬼神をもあはれと思はせ　男女のなかをもやはらげ　猛き武士の心をも慰むるは　歌なり（仮名序）

夫和歌者、託其根於心地、発其華於詞林者也。人之在世、不能無為、思慮易遷、哀楽相変。感生於志、詠形於言。是以逸者其声楽、怨者其吟悲。可以述懐、可以発憤。動天地、感鬼神、化人倫、和夫婦、莫宜於和歌。（真名序）

この二つを比べると、仮名序には真名序にないことが書かれているのがわかります。たとえば、仮名序では「心に思ふ事を、見るもの聞くものにつけて、言ひ出せるなり」とありますが、これに相当するものは真名序にはありません。「花に鳴く鶯、水に住む蛙の声を聞けば、生きとし生きるもの、いづれか歌をよまざりける」に相当するものも、真名序にはないのです。そのかわりに、真名序では「人之在世、不能無為、思慮易遷、哀楽相変。感生於志、詠形於言。是以逸者其声楽、怨者其吟悲。可以述懐、可以発憤」とあり、人間は喜怒哀楽を言葉で表すことができると示されています。そういうわけで、この二つの序は食いちがっており、私たちにとって関心があるのはその食い違っている部分、すなわち真名序にはなくて、仮名序にある部分なのです。そこに、日本文学の基本路線が鮮明にあらわれているはずだからです。

大きく言って、引用した仮名序には三つのことが示されています。一つは、和歌は直接の感情表現ではなく、事物をとおしての間接表現をするものであるということ。二つは、歌は生きとし生けるものすべての営みであるということ。そして三つは、歌は世界をも動かす力を持つものであるということです。

これら三つのほか、仮名序には明記されていないけれども、『古今和歌集』が示したもう一つの基本路線があります。それは、和歌における感情表現は、四季それぞれの風物を素材として行うというもので、「和歌は直接の感情表現ではなく、事物をとおしての間接表現をするものである」という第一の路線をより詳しくしたものと言えましょう。

たしかに『古今和歌集』は、春夏秋冬と季節ごとに歌を分けて編集してあり、当時の歌人たちがいかに感情表現において四季の風物を重視していたかがわかります。そして、この考え方こそ、後々の日本人の美学に影響を与えたものなのです。

そうした影響が現代の日本人の美的生活にまで及んでいる例は、私たちの日常生活を見ればいくらでも見つかります。日本料理店に行けば、いまでも料理には季節感が盛り込まれているし、春といえば花見、夏は花火と風鈴、秋は紅葉、冬は雪といった具合で、生活と美が季節感に根ざしているのです。テレビのニュースを見ても、悲惨な事件の報道の後に季節の花、季節を表す渡り鳥の姿などが映し出されます。あたかも、それがなくては人々の心が落ち着かないかのようです。日本的美とは生活の中の美であり、その大もとに季節感を重視する『古今和歌集』がある。そう言ってよいと思われます。

5　四季の美学こそ日本美学

『古今和歌集』がいかに季節感を大事にしているかを見るには、なによりもその代表的な歌を見るに限ります。まず、春の歌。

ひさかたの光のどけき春の日にしづこころなく花の散るらむ

この歌は、桜の花の命の短いことを嘆いているわけですが、「光のどけき」と「しづこころなく」が対比されているところが肝心です。これほどのどかなのに、どうしてそんなに急いで散ってしまうのですか、という思いです。花の命は短い、だからこそ美しいと言いますが、その美しさを愛でるのは咲いていればこそで、散ってしまえばもうそこに花はないのです。

このような意味が読みとれるにしても、しかしこの歌にはもっと奥ゆきがあると私は見ています。先に見た『古今和歌集』の仮名序には、和歌は直接の感情表現ではなく、事物をとおしての間接表現をするものであるということが謳われていました。このことを応用すると、上記の春の歌は、どのような人の心を「散る花」に託しているのかということになります。『古今和歌集』においては歌が並んでいるだけで、それがどういう状況で作られたかなどの説明がありませんので、ここは推測するほかないのですが、もし多くの歌が恋心を表すのだとすれば、「散る花」は恋の終わりを告げているということになるでしょう。すなわち、この歌は、いつまでもゆったりと春の光の中で恋心にひたっていたいのに、いつの間にかその心が消え去ってしまった、という嘆きを表していると読めるのです。

このような解釈は行き過ぎだと非難する人は、かならずいます。しかし、考えてもみてください。たとえ「和歌集」に収められる歌であっても、その歌を詠んだ人には心情というものがあり、生活があり、人との付き合いがあったはずです。恋というものは、生物としての人間の最も基本的な感情であり、最も盛り上がる感情であって、そこから生まれ出る歌も多いのです。となると、この「花散る」歌にも、そうした感情が基底にあると考えることは、決して不自然ではありません。

『古今和歌集』から時代が下って出来上がった『源氏物語』を見てください。そこでは、多くの登場人物が歌によって恋心を表現し、その歌を恋する相手に送ることで気持ちを伝えようとしたり、相手の気持ちにさぐりを入れたりしているのが見てとれます。『万葉集』にあるような歌垣の世界、すなわち男女が互いのこころを通わせるために歌の応酬をした世界、これが『源氏物語』にもまだ残っているのです。人は歌を詠む、歌を詠むことで恋心を表す。とするなら、「ひさかたの光のどけき」の歌にそれがあると考えて悪くはないと思います。

『古今和歌集』の夏の歌としては、次の歌を見てみたいと思います。

五月雨にもの思ひをればほととぎす夜深く鳴きていづち行くらむ

この歌もまた恋の歌と解してよいように思われます。五月雨の降る夜、「もの思ひ」をするとは、恋の思いにほかならず、その思いを表すかのように夜更けまで鳴いていたホトトギスは、いつかどこかへ消えてしまったというのです。恋の悩みを分かち合ってくれていたホトトギス。その声も聞こえなくなったいま、寂しい思いはいっそうのものになったというわけです。

ホトトギスですが、カッコウと同じものと言われています。その声は他の鳥たちの声よりも激しく、古来、人々はその声に恋のいたみを感じとっていたようです。したがって、上記の夏の歌からも、そうした激しい恋の苦痛を読みとるのが適当でしょう。先に挙げた『古今和歌集』仮名序の「生きとし生けるもののいづれか歌を詠まざりける」を思い出してください。当時の日本人にとって、ホトトギスは恋のいたみを鳴いていたのであり、ホトトギスと人は心のいたみを共有していたことになります。

秋の歌にいきましょう。

奥山に紅葉ふみわけ鳴く鹿のこゑ聞くときぞ秋はかなしき

この歌では「鳴く鹿」に注目します。秋は鹿の鳴く季節で、その鳴き声もまた異性を求めてのものなのです。したがって、この歌もまた恋の歌ということになります。「秋はかなしき」と結んでいますから、歌を詠んだ人も鹿の鳴き声に共鳴し、みずからの恋心の悲しみを表していると言えるでしょう。歌人の恋がすでに失われたものなのか、それとも成就できないゆえの悲しみなのか、それはわかりません。しかし、秋は「鹿」の鳴き声によって、心の悲しみがいやましにます季節なのです。むろん、「紅葉」の美しい色もまた、夏が終わって冬がやってくる前ぶれとして、死の予兆をただよわせるがゆえに「かなし」いのでしょう。

冬の歌としては、次のものを選びました。

大空の月の光しきよければ影見し水ぞまづこほりける

冬の大空に月の光りがいつも以上に清く見える。それを映すはずの池の水は、しかしもう凍っているという歌です。冬の寒さは伝わってくるけれども、なんの変哲もないように見える歌ながら、「凍る」の反対は「融ける」で、これを人の関係に置き換えてみると、心が凍るということになるのです。そうなると、月の光りが「清い」ということの意味もふくらみ、冬は恋愛事のない季節、恋心が目覚める春とは最も遠い時期ということになってきます。昔の人は現代人とちがって、恋をするにも他の生き物にならって季節の流れにまかせていた。心が凍りつくとは死を暗示し、生の反対を意味します。生の最も端的な表れである恋の凍結は、心の死なのです。

ところで、『古今和歌集』は四季の移り変わりに応じて人の心を歌ったものだと言いましたが、そこには「うつろひ」という感覚が宿っているのだと多くの人が言っています。「うつろひ」とは「移行」「変化」のことであり、同じものがつねにそこにあるわけではなく、時とともにはかなく消え去るものだという感覚です。この「うつろひ」が平安歌人たちの共通感覚であったとすると、そこには仏教の無常観の影響があると言いたくもなりますが、彼らにすれば、美しい自然の風景も時の経過とともに変化してしまうものであり、第一、私たち人の心だってそういうものだということだったにちがいありません。仏教の無常観は、すべてこの世のものは過ぎ去るものゆえ、それらに執着せずに悟りをひらけというものですが、「うつろひ」の歌人たちは、悟りをひらくかわりに、美のはかなさをも美の極致として味わいつづけたように思われます。

先の「ひさかたの光のどけき」の歌には「花」が出、秋の歌には「奥山の紅葉」が出てきました。昔も今も、人は春の花に、そして秋の紅葉に感動するもののようです。たとえその美が長つづきのしないものであろうと、一瞬の喜びのあとに哀しさが来るとわかっていても、その哀しさをも含めた美に感動するのではないでしょうか。春は桜、秋は紅葉と、この二つがまるで生と死を象徴するかのように、恋の、あるいは生の喜びと悲しみとを表す。そのことを、時の経過の不可逆とともに、平安歌人たちは痛感していたもののようです。

6　フロイトと紀貫之のつながり

『古今和歌集』の季節感覚、時の「うつろひ」が呼び起こす喜びと悲しみ、その一瞬の命の享受、これは日本特有のものでしょうか。それとも世界共通なのでしょうか。これについては、精神分析の祖ジークムント・フロイト（Sigmund Freud）の「無常ということ」（Vergänglichkeit）という文章が参考になります。そこでフロイトは、およそ次のようなことを言っているのです。

美しい夏の風景を見て、ある詩人はそれに感動しつつも、その風景がやがて冬になるとすべて枯れ果ててしまうと思って、喜んではいられないともらした。なるほど、自然の美もすべてと同様に寿命があるということで、そこから人は永遠の美なるものを考えついたり、逆に、この詩人のように厭世的になったりするものである。しかし、自分としては、このどちらの立場にも組みし難く、それというのも、すべては変わりゆくというのが現実だからである。この現実は我々にとって苦痛をもたらすかもしれないが、その苦痛もまた現実ではないか。それに、美しいものの寿命が長くないことは、その美しさをそこなうものとも思えない。否、寿命が短かければ、それだけその美の価値は増すもののように思えるのである。なるほど、自然界のすべては、たしかに冬になれば死ぬが、春になればその命はふたたび蘇るのだ。その意味では、自然の美は永遠だとも言えるのである。たった一夜しか咲かない花は、それだからといって愛しく思わないわけにはいかないだろう。美というものは私たちの感情生活に応じるものであるからして、私たちが死んでもはや感情を持ち得なくなったときになっても、その美が続いている必要などどこにもないのである。

このような内容のフロイトの言葉は、平安歌人の「うつろひ」感覚に馴染んだものにはごく当たり前に聞こえます。と同時に、「うつろひ」の美学が日本を超えて普遍的なものなのだ、とわからせてくれるのです。

もっとも、フロイトの美学が西洋においては例外的だったということも、言っておかねばならないかもしれません。上記の彼の文章には、この説を人に披露してもなかなか納得してくれない、という記述があるのです。彼によれば、人びとが彼の説を受け入れたがらないのは、彼らが「喪」に執着するからだ、ということです。「喪」もいつかはとけるものなのに、それができずに、人々は新たな生を受け入れたがらない状態に陥っているというわけです。

このような彼の説は、有名なリビドー世界観にもとづくものです。リビドー（libido）とは普通「性欲」とか「性愛」と理解されているものですが、生命の原理としての愛のエネルギーというふうに私は解釈したいと思います。フロイトは愛のエネルギーというものが、その対象を失うと行き場がなくなり、そこから「喪」の状態が生じるのだけれども、本来、リビドーというものは、つねに新たな対象に向かうべきものだと考えていたのです。

では、このリビドー説と、恋心の表現としての歌とはどういう関係があるのか。まさにこの点が重要であるというのも、恋心とはリビドーの最も顕著な表れで、その表現が歌だからです。歌とは、すなわち、人間が生き物として生きているかぎりにおいて持つ愛のエネルギーを、言葉に転換した表現です。その転換こそが、人が人となるために必要なものなのです。歌は必要か、というのが今まで述べてきたことの主要テーマだとすれば、そのテーマに関する答えが、今ここに出てきたと言えるでしょう。

ところで、『古今和歌集』の話のついでに、歌集の編纂者の一人でもある紀貫之の歌に触れないわけにはいきません。この論の主題は「文学は必要か」ということですが、少し脱線を許してもらいたいと思います。それほどに、この歌人はすごい。好き嫌いはあるでしょうけれども、歌人としてすごいのです。

『古今和歌集』の全体を貫くものは「うつろひ」の感覚だと先に言いました。貫之にもそれはあるのですが、どうやら彼はその思想に堪えきれなかったようです。むなしいと知りつつも、

「うつろひ」に挑戦し、その挑戦に敗れることで、ますます「うつろひ」を表現せざるを得ない。そういうわけで、彼の「うつろひ」表現は、他の歌人たちのそれより一歩先に進んでおり、非常に屈折したものになっているのです。

人によっては、彼のそういう複雑なところが嫌いで、素直でない、わざとらしい、技巧に凝りすぎていると非難するわけですが、そうした非難は当たっていないと私は思います。要するに彼は、人一倍優れた感性と知性を持っていて、漢文の精神と和文の精神の本質的なちがいについて、誰よりも明確にとらえていたのではないかと思います。

たとえば、

袖ひちて結びし水のこほれるを春立つ今日の風やとくらむ

この歌は夏、冬、春の三つの季節にまたがっているところがすごいのです。主題となる季節は春にちがいないのですが、貫之の感性はどうしても現在目の前にある季節に満足できません。現在は春です、といっても、まだ寒い立春の日です。したがって、まだ冬の景色、「水」が凍っています。では、春の「風」はその凍りを溶かすことができるのか。こうした疑問形で歌は終わりますので、春を待ちこがれる心を表しているという解釈だけでは単純すぎると思われます。

この貫之の歌の奥ゆきは、「袖ひちて結びし」が見えてこないと、つかめません。「袖」を濡らし、手を「結」んで、「水」を汲みとったのは夏、そうでなくとも暖かい季節です。その暖かな日の思い出が、この寒い日に歌人の記憶によみがえっているのです。したがって、この歌で対立しているのは、冬と春ではなくて、暖と冷です。その二つの橋渡しをすべきは中間的な春なのですが、立春の日、水は凍っており、まだ冬なのです。

「うつろひ」とは時の不可逆な移行のことです。貫之はその「うつろひ」を記憶の力で逆行し、その虚しさを痛感し、ふたたび厳しい現実に戻るのです。これを表現するとは、まことにすごいと言わざるを得ません。

同じような春の歌がもうひとつあります。

かすみたち木の芽もはるの雪ふれば花なき里に花ぞ散りける

この歌も複雑です。鍵は「かすみたち木の芽もはる」の「はる」（＝張る）の部分です。この「はる」が「春」をも意味する掛詞になっているので、歌の前半部と後半部が接続されます。前半部は「かすみ」がたなびき、「木の芽」が張り出す春の風景。ところが、それに接続された後半部では、春なのに「雪」が降っており、「花」が咲くはずのところにも、まだ「花」はないのです。この現実はあまりにも厳しい。そう思った貫之は、せめてもの思いで、降る「雪」を「散る花」に見立てます。それで「花なき里に花ぞ散りける」となるのです。

いくら見立てても現実は変わりません。無念です。その無念さが、この歌の命となっていま
す。私たちはこの歌に、歌人が思い描く春景色、現実の雪、そして夢想の中で散る花の三つを同時に見るのです。

ところで、「見立て」は日本伝統の美学のように言われています。日本美学における重要な要素のひとつに数えられてもいます。しかしながら、貫之の場合を見ると、これは現実の厳しさに屈する心をなんとかだまして、少しでも美しいものであるかのようにしておきたい、という苦しい努力のように思えてきます。それほどに現実は受け入れ難かったのか、この人にとって。そう問いたくもなります。一体、なにが原因で、それほど現実というものが苦しかったのでしょう。

ひとつには、誰よりも欲ばりだったことで、現実が苦しくなったのだと思います。これは人間すべてに言えることでしょう。欲を持てば持つほど、所有できると信じているものが失われるとつらいものです。貫之は痛切に、春を、花を、欲した。それが得られず、つい、降る雪を散る花に見立てることになったのです。

次の彼の歌は、そうした欲望の変形で、夜になっても昼であってほしいという願いが現れています。あるいは、花をいつまでも見ていたいという欲望とも言えます。

宿りして春の山辺に寝たる夜は夢のうちにも花ぞ散りける

「山辺」で一夜を過ごす。昼間見た散る花の残像が、「夢のうち」にも出てくるという歌です。「夢」とは現実において実現できない欲望の具現であるとはフロイトの説ですが、現実原則と快感原則の対立を、貫之は同時代の誰よりも明敏にとらえていたのかも知れません。人が眠っているときに目覚めてしまった人の孤独、悲哀、そうしたものまで感じられてきます。

先に、一体なにが原因で、彼はそれほど現実というものが苦しかったのかという疑問を提出しました。どうやらその答えは、次の彼の歌に見つかりそうです。

ちはやぶる神の斎垣にはふ葛も秋にはあへずうつろひにけり

「ちはやぶる」は「神」を引き出す枕詞と言われています。枕詞とは、もともとは意味のある言葉であったはずなのに、徐々に形式化していった言葉です。「神」をいきなり出すのはおそれ多いので、枕詞で心の準備をさせたということでしょうか。

いずれにしても、「神の斎垣」は神聖なもので、「斎」は「いむ」（＝忌む）の「い」です。そして、「神」は永遠のもの、「うつろひ」に影響されないものと想定されていますから、その「斎垣」もまた永遠のはずのものなのです。ところが貫之は、その「斎垣」に「はふ葛」の葉の色が「うつろひ」に負けているのを見とどけてしまった。所詮、神といえども「秋」には勝てないのです。季節の移り、時の不可逆な経過は、永遠であったはずの「神」の領域まで冒してしまう。

これが貫之の現実認識で、彼は「うつろひ」が聖域など無視して普遍的であるという事態を、葛の葉の色によって表したのです。

このことからわかるのは、彼が現実を苦しいものと感じたその原因は、神々の世界がもはや聖域ではなくなったという認識を持ってしまったことにあるということです。つまり、神話の世界はもう終わったという自覚です。神話に包まれているうちは、すべてが美しく、しかも永遠でした。ところが、それは崩れてしまった。いまや、私たちは神話の無時間世界から出てしまい、時の経過という無情な世界のなかにいる。このような痛烈な認識が彼に生まれ、それゆえにあのような複雑な歌世界の実現となったのだと思われます。貫之がすごいというのは、そういう意味です。彼自身にとっては、そのすごさはおそらくつらいものであり、彼の心には巨大な空洞が広がっていたのではないかと思われます。

以上のことから、歌というものの必然も見えてきそうです。なんらかの事情で、受け入れがたい現実が身にせまってきた時、人は空想をし、夢を見、そこから別の次元を言葉で構築し、しばしそこで心を慰めたくなるのではないでしょうか。歌は、貫之のような人の場合、そうした逃げ口であったように思われます。単なる儀礼や気晴らしを超えた、哲学にせまるような試みを、彼は歌詠みにおいてしていたように思うのです。

貫之は環境がちがっていれば、一流の哲学者になっていたのではないでしょうか。彼の見た真実は、神話が終焉することで生まれ出た哲学の真実だったはずだからです。「神の死」はニーチェの特権ではなく、古代ギリシャから哲学者たちが経験してきたことでしょう。貫之も、それを見たのでした。

ですが、彼は哲学に向かうよりは、歌に向かった。哲学を、感性に訴える歌によって表現した。言い換えれば、概念的言語に入りこむのを避けて、メタファーの言語でそれを表現したのです。文学にとってこれは幸い、というよりも、私たち人間にとって、これは幸いなことだったと私は思います。なぜなら、哲学は一定の社会にしか生まれず、また誰しもが必要とするとは思えませんが、歌は世界中誰もが求めるものであり、また実現もしてきているものだからです。

7　民族主義と国家主義

これまで長々と『古今和歌集』の話をしたのは、そこに文学とは何かを考えるうえでのヒントが見つかるからです。仮名序に示された「歌は生きとし生けるものすべての営みである」という基本路線を思い出しましょう。基本路線というより、これはむしろ詩学というべきもので、詩学とは、詩歌とはこういうものだという立場を示すものです。

『古今和歌集』の詩学は、要約すれば、詩歌は生命の表現だというものです。もちろん、生命は人間だけでなく、鳥も獣も、草も木も共有しているものです。このような詩学を自然詩学というべきでしょうか。それは世界中どこにでもあるというわけではなく、おそらく、「未開」とみなされている原始的な社会では共有されている詩学であろうと思われます。逆に、「文明」と呼ばれる世界には、容易に見当たらないものではないかと思います。

『古今和歌集』の編者たちにとって、文明といえば中国、すなわち漢文明にほかならなかったのですが、漢の詩学には、生あるものすべてに詩があるなどといった考え方はなかったと思われます。『古今和歌集』の仮名序にはそれが謳われていても、真名序すなわち漢文の序にそれが見当たらないということが、それを示しています。

そういえば、仮名序の最初の言葉は「やまとうた」です。これは、この歌集が「やまと」、すなわち日本を意識して生まれたことを示すもので、つまり『古今和歌集』とはあくまで漢文学からの独立を目指した歌集であったということです。私たちは漢詩文を学んできた。それを唯一の文学の指標だとも思ってきた。しかし、私たちは「漢人」ではない、「やまとびと」なのだ。言葉も歌も、中国のそれとは違う。そこで、自分たちの歌、すなわち「やまとうた」の歌集をつくらなくてはいけない、そういうことだったのです。つまり、民族の自覚が生まれたということです。文学が民族の自覚の表れだとする考え方は世界のあちこちに見つかりますが、『古今和歌集』はその意識の表れなのです。

私はかつてポルトガルに行ったとき、リスボンの地下鉄の中で小学生が教科書をひらいているのを見て驚いたことがあります。国語の教科書と思われる本でしたが、ほとんどのページがその国の詩人たちの作品でうまっていたのです。つまり、ポルトガルの子どもたちは、小学生のときから「国語」を文学を通してならっている。これは、私のような日本人にとっては驚きでした。

というのも、日本ではそうした国語教科書はないからです。すなわち、日本では、文学教育がしっかり行われていないのです。国語教育とは、漢字練習、文章読解力、作文能力、会話能力の育成であっても、文学の心を育て、自分たちの文学的伝統を身につけさせる機会だとは、教育する側も考えていないのです。これでは、世界に対してほんとうに自信をもって臨むことのできる人間が育つでしょうか。不安になります。

日本人が漢字を使いつづける以上は、漢文もまた子どものときから学習すべきだと思います。なぜなら、それが自分たちの脳を育ててきたものだからです。和歌と漢詩、この二刀流を復活すべきと思いませんか。

民族主義というと、ひとはナショナリズムだと言って警戒します。無論、他の民族を否定する民族主義は危険ですけれども、それぞれの民族が己の自覚を持つということは大切なことではないかと思います。自らを尊敬できない者に、他者を尊敬することはできないと言います。日本の場合、『古今和歌集』においてその自覚が表明されたわけで、その意味で、この歌集の存在は意義深いのです。

そんなことをいうと、あんな歌集は天皇家を中心とする一部の貴族の自己満足であって、日本国民一般からはかけ離れていたではないか、という人がきっといます。しかし、日本文学はこの歌集をもとに発展してきたのであり、最初は一部の特権階級のものであったかも知れないが、それが時代とともに社会全体にひろがって、今日にいたっているという実情に目をつぶるわけにはいきません。毎年、花の節句になると、全国でおひな様を祭りますが、これだって、元は宮廷の雅の世界を表したものです。それが一般国民にひろがった結果、今日のひな祭りとなっているのです。よいか悪いかは別として、日本文化は民衆の自己表現としてではなく、王族の文化の普及によって形成されてきたという事実を受け入れなければなりません。

ちなみに、ナショナリズム（nationalism）という言葉は、日本語では二通りの意味を持ちます。「民族主義」と「国家主義」です。本来、ナショナリズムとは前者のことで、国家主義に相当するのは、そういう英語はないのですけれども、'state-centrism' だろうと思われます。この二つが混同され、民族主義＝国家主義となっているところから様々な問題が生まれているように思います。みなさん、どう考えますか？

さて、『古今和歌集』の詩学が生命の詩学であるとは、それが「原始性の詩学」であるということと同じです。そのような「原始性」を守ろうとする考え方は、日本文化のさまざまな面に呼応するもので、たとえば、仏教は大陸から日本に入ってきた思想＝宗教であるにもかかわらず、その思想が日本化されると、「山川草木悉皆仏性」といった命題になります。すなわち、山にも川にも、草木にも、すべて仏性といわれる仏になる潜在能力が備わっているというのです。このような仏性についての見方は、専門家によれば、日本以外の仏教国では見当たらないとのこと。

それらの国々では、仏性は人間だけに備わっているものであって、人間のみが仏になる可能性を持っていると考えられているのです。生命＝自然中心の日本文化はその点で異なり、原始性へのつよい執着が顔を覗かせています。外来の思想をたくさん受容してきた日本ですが、もともとの原始的な世界観を保持しつつの受容であったと言えるでしょう。そのために、外来思想は往々にして変容されてきました。

8　情動と感情

詩歌が生命の表現であるとは、夏に鳴く蝉の声も詩歌であり、田んぼで鳴く蛙の声も、木の枝にとまって鳴く鳥の声も、ひとしく詩歌だということを意味します。人間の歌もその仲間であり、生き物それぞれ言語が異なるので、お互いに意味は通じあわないけれども、いずれもが生命の表現としての歌であるという認識です。このような認識は、果たして世界に通用するものだろうか。文明国を自称し、「原始性」を見下してきた国々では、こうした見方は理解されないのではないか。私はかなり長い間、そうした疑問を抱いてきました。

ところが、そうした疑問に対する答えが、近年になって急速な発達を遂げている脳科学に見つかりました。素人ではあるけれども、私は脳科学の本を少しかじり、そこから歌について考えてみることにしました。以下、その点からの歌についての考察です。

人間の脳の働きについて、近年ではＭＲＩに類した技術を導入し、以前よりはるかに多くのことが解明できるようになっていて、その結果、脳科学者の中には、それまで哲学者が論じてきたような問題を脳科学の立場から論じる人も出てきています。さすがに、文学についてまで述べている人は稀ですが、ノーベル医学賞に輝くジェラルド・エデルマン（Gerald Edelman）、欧米で最も人気のある脳科学者といえるアントニオ・ダマシオ（Antonio Damasio）などの著書は日本語にも訳されており、文学を考えるにあたって有益な発言がそこに見つかります。

文学の起源は生物の感情表現にあるという観点からすると、脳科学者のなかではダマシオの言っていることが最もしっくりきます。彼はたとえば、こんなことを言っています。

私たちの心、すなわち「自己」と呼ばれるこのうつりやすい意識の本体は、高度に制御された生体の刻々変わりゆく状態であると考えてほしい。その変わりゆく状態を制御するものは、われわれの脳であり、脳にはつねに生体の刻々の変化が情報として伝達されているのである。生体は、苦痛と快感という二極のあいだを揺れ動いており、その変化は生体内の物や出来事によって生起されもすれば、生体外の物や出来事によっても生起される。（…）進化の未発達な生物においては、私たちが「情動」（emotions）と呼んでいるものも含め、自身の生体の内的変化はまったく意識されていないだろう。意識されていなくとも、生体としての自己制御はできているのだから、それで十分なのだ。（…）彼らに身体と脳があったとしても、その脳が身体をなんらかの形で認知し、自分が生きていることを漠然ながら感じることができているとしても、彼らには個々の生体を所持する主体、すなわち「個体」の意識は育っておらず、したがって、自分が生きているということを意識できてはいない。彼らは存在はしているが、意識はしていない状態なのだ。（…）では、意識はいつ始まるのか。脳が言葉を持たないまでも、物語を生み出す能力を持ったときに始まると言うべきだろう。どんな物語か？　自分の身体のなかには生命があって、それがたえず活動しているという感じがその物語である。自身内部の状態が環境のなかの事物との出会いによってつねに変化しつづけていると感じ、自分の思うことによっても、また自分の外界への反応によっても変化するということの実感。これが意識が生まれるための物語なのだ。その物語は、言葉によらなくても可能である。普遍的な身体信号によって語られるからだ。意識というものは、自己意識というものは、生体が生きていると感じ、その感じを感じるときに現れ出るものなのだ。

この文章は彼の主著 "*The Feeling of What Happens*"（邦題は『無意識の脳　自己意識の脳』）からのものですが、人が人となるのに重要なのは、「感じる」ことだけではなく、「生きていると感じること」、「感じていると感じること」だということでしょう。このレベルでは、まだ「知る」ではなくて、「感じる」が重要であり、それは生体の環境との関係のなかで形成されるものなのです。

ダマシオは同じことを、「情動」（emotion）と「感情」（feeling）という二つの言葉を使っても言っています。「情動」はすべての生命体に起きるもので、生体の環境に対する反応にちがいないが、「感情」はその「情動」を「意識」したときに生まれるもので、つまり「意識」とは、「生体」における「情動」から「感情」へのアップグレードのことだというのです。こうした彼の考えを推し進めれば、文学が「感情」表現であることからして、脳がある程度発達した生物には「文学」があるということになります。これは、先に挙げた『古今和歌集』の仮名序にも通じるものではないでしょうか。

ダマシオの説に沿って、古くから人類の感情表現の形式である歌を再定義してみると、次のようになります。歌は生物の「情動」をもとにしてはいるけれども、それを「意識」化したもの、すなわち「感情」を表現したものであるということになるのです。情動は自然な反応ですが、その情動を意識化したとき、生き物の情動は「感情」へとアップグレードする。そうなれば、その「感情」は仲間にも共有してもらえるものとなり、そこに感情表現としての文学が生まれる、というわけです。

たとえば、赤ん坊の泣き声は情動の表れではあるけれども、これを感情表現とは言えません。快不快は表現されているけれども、喜びや悲しみといった感情の表現とはなっていないのです。感情が表現できるとは、情動が意識され、他の人々にも共有できる形になることです。歌とは、まさにそうした感情表現なのであり、そうであればこそ、個人を超えて他者と共有できるものとなるのです。

さて、ダマシオの「情動」の説は、もともと生命進化の論を展開したチャールズ・ダーウィン（Charles Darwin）のものだそうです。『脳と記憶 その心理学と生理学』の著者・二木宏明は、ダーウィンは情動の表出がネコ、イヌ、サルを経てヒトにいたるまで共通であることを指摘し、動物での情動研究を基にしてヒトの感情・情動を論じたと言っています（「理研ニュース」）。氏によれば、ダーウィンの情動の定義は「非常事態にさらされた生物が、適切に対処し、生存の可能性を増加させるもの」であり、そこからすると、情動とは個体維持と種族保存を達成するためにあることになります。現在の脳科学では、情動の出どころは、脳の発生からいって古い部分である「大脳辺縁系」（limbic system）、もう少し詳しく言えば、この大脳辺縁系の中の「扁桃体」（amygdala）ではないかということです。

では、その「情動」が文学の、歌の起源なのでしょうか。一面ではそうですが、先にも見たように、「情動」が「情動」のままでは文学にはなりません。それが意識され、「感情」のレベルに達しなくては文学にならないのです。断っておきますが、そうした「感情」のレベルに達することのできる生物はヒトだけではありません。したがって、文学は人間だけのものと言うわけにはいきません。『古今和歌集』仮名序のテーゼは、ですから今のところ、間違っているとは言えません。

9　言語は歌から始まった？

ダマシオだけでなく、多くの脳科学者は「個体」の生存という観点からすべてを論じているように見えます。ダマシオがいう生物の「情動」は、個体としての生物の環境に対する自己調整作用を意味し、そこでは集団は問題にされていません。仮に、彼のように（またダーウィンのように）、「情動」を生物が生きるために必要なものと考えるなら、それに沿って発達した「感情」もまた生命維持のためのものであり、すべての人間は「感情」を発達させることでよりよく生きることができるようになっていることになります。ところが実際には、人間は「感情」のせいで自殺したり、生命の原理に背く行動をしばしばとっているのです。一体、これはどうしてなのでしょう？　脳科学者は誰一人、このことにうまい答えを出していないように思われます。

そもそもダマシオは、「情動」が意識化されて「感情」へとアップグレードすると言っていますが、そのようなアップグレードは、個人が集団のなかで生存していく段階になってはじめて必要になるのではないでしょうか。そこで生まれる「意識」というものも、「感情」も、それが他者と共有可能なものとならないならば、何の意味があるでしょう。脳科学者は個々の脳を観察し研究してはいても、複数の脳が互いに反応し合う局面を重視してこなかったように思われます。あるいは、そうした研究はとても難しいので、それゆえまだ手をつけていないのかも知れませせん。いずれにしても、集団についての彼らの認識はいまだに弱く、脳科学のその点での貢献はきわめて少ないと言えると思います。

集団を重視するという点では、社会学者や人類学者のほうが、当然ながら一段上です。社会学といえばドイツのマックス・ウェーバー（Max Weber）、フランスのエミール・デュルケーム（Emile Durkheim）が祖ということになっていますが、私はデュルケームの説をここで紹介したいと思います。なぜなら、彼は「個人にとって、社会は内在的かつ超越的」、すなわち神のようなものであると言っているからです（『社会学と哲学』）。「内在的」（immanent）とは、個人の心の奥にまで社会が入り込んでいるということ。「超越的」（transcendent）とは、個人の外にあって、個人よりはるかに大きく、また強い存在だということです。デュルケームは、個人は社会を構成する要素であるというだけでは不十分であって、社会あってはじめて個人があると考え、社会のないところ、人間は存在すらできないという論を終生抱きつづけたのでした。

その点では、人類学者のクロード・レヴィ＝ストロース（Claude Lévi-Strauss）もデュルケームの論にしたがっており。彼は哲学者ルネ・デカルト（René Descartes）の「我思う、ゆえに我在り」を文字って、「我ら在り、ゆえに我思う」（Nous sommes, donc je pense）と言っています。すなわち、集団社会あってはじめて個人の意識が生まれる、というのです。社会のないところ、人は考えることすらできないということの考え、みなさんはどう思いますか？

私の考えでは、個人個人の考えのちがいは、社会というフィルターを経て濾過されたものだと思います。したがって、デュルケームの説には同意できるし、レヴィ＝ストロースの言っていることは、決して忘れてはならないと思うのです。

一八世紀にフランスで見つかった「野生児」（Victor de l'Aveyron）の例を見ても、このことは頷けます。森の中で育ち、人間の親に育てられなかったこの少年は、ついに人間社会の一員になることはできなかったのです。形は人間でも、心は人間ではなかった彼の脳を解剖してみることは今さらできませんが、生まれた時は人間の脳であっても、環境によって人間の脳になるよう育成されなかった結果、脳の働きが人間の場合とは異なってしまったのです。人が人になるには、なにより人間社会のなかで育つことが必要だということを裏づけるこの事実を見ると、ばらばらな個人が集まってひとつの社会を作っているという考え方は、積極的に社会の中で生きていくためには必要な考え方かもしれませんが、実情とは異なることがわかります。

現代アメリカの心理学者ロバート・ニーマイアー（Robert Neimeyer）は、さらに思い切ったことを言っています。先のデカルトの言葉を文字って、彼は「我々はコミュニケーションをする、ゆえに私は考える」（We communicate, therefore I think）と言っているのです。コミュニケーションがまずあって、そこから個々人の意識が生まれ、そこから個々人の考えが生まれるというわけです。この説も、一考、二考に値するのではないでしょうか。

ところで、ニーマイアーのいう「コミュニケーション」が、ダマシオのいう「感情」の共有と変わらないものであることは、付け加えておいたほうがよいように思います。歌という文学の基本形式は、人間にとって最もよいコミュニケーションの手段であるということを見るには、たいへん有益な考え方だからです。

この点についていち早く気づいたのは、一八世紀の思想家ジャン＝ジャック・ルソー（Jean Jacques Rousseau）です。彼はその『言語起源論』（*Essai sur l'origine des langues*）において、人類の言語はもともと歌であり、歌から言語が生まれたと言ったのです。以下、彼の文章からの引用です。

さまざまな言語は、決して生存のための必要から生まれたものではない。生存のための必要は、人と人の関係を裂いてしまうものなのだから、そこから人と人をつなぐものが生まれ出ると考えるのは馬鹿げたことである。では、言語はどこら生まれたのか？　心の欲求から、情念から生まれ出たと言うべきだろう。情念は、それがどんなものであれ、人から人を引き離す生存の欲求とはちがって、人と人を結びつける。人間が最初に声を発したのは、空腹だからではなく、喉が渇いたからでもなく、愛し、憎み、憐れみ、怒るからである。（…）人は食べるために話をする必要などない。狩りをするときは、黙ってするものである。しかし、若い心を動かそうとし、不当な仕打ちを受けたときには抵抗しようとするとき、自然は私たちに声を与え、抑揚を与え、訴えかける調子を準備したのだ。こうして最初の言葉が生まれた。それは歌うような、情感のこもったものだったのである。

つまり、歌が最初の言葉だったということであり、これはずいぶんと大胆な説のように思えますが、「感情」表現のほうが「意味」の伝達より先だという前提を受け入れさえすれば、納得のいくものとなるでしょう。人は「意味」ある言葉を発する前に、歌うような調子で、自分の感情を相手に伝えようとしたというのです。

ルソーがいうには、人間は共同生活をいとなむ上で、生き物として「感情」を共有することを最優先させたにちがいなく、その結果として、言語が生み出されたのです。したがって、歌は文学の基礎であるどころか、言語の起源ということになるのです。

このルソーの考え方は、現代の生物言語学にも生きつづけており、岡ノ谷一夫などがそうした考えを打ち出しています。氏は、生物には心があり、その心を解明するには生物の行動や鳴き声に注目すべきだという考えを持っていて、人間の言語のもとは鳥のさえずりだという説を唱えています（『鳥のさえずり言語起源論』）。鳥がさえずるのも、人間が歌うのも、基本は同じ生き物の心理から生まれており、その主要目的は個体の欲求を「感情」表現にまで高めて他の個体に伝えることにある、というのです。

氏が鳥のさえずりを人間の言語の起源と考える理由は、鳥のさえずりが人間の言語と同じくらい複雑な音節から成り立っていることに気づいたからです。ルソーの説とともに、文学の根本を考えるうえできわめて重要なものと思われます。

ルソーの言葉を引いたのですから、岡ノ谷の言葉も引いておきましょう。

私が研究しているジュウシマツの歌には、ヒトの言葉と同じように音の並びに規則性があるのですが、その仕組みや発達の過程を探ることで、言語の起源が見えてくると考えています。（…）「チュンチュン」という鳴き声を聞いていても、文法があるとは思えないのですが、あれは「地鳴き」と呼ばれるもので、小鳥の鳴き声は「地鳴き」と「歌」に分けられるのですが、短いもので二秒程度、長いものでは数十秒続く「さえずり」のことを「歌」といいます。これは求愛の時と、縄張りをアピールする時に歌われます。ジュウシマツのオスは縄張りを持たないため、求愛の歌のみをうたいます。小鳥の歌はヒトの言語と同じように、いくつかの音素の並びからできていて、その音素を一定の基準で組み合せてうたっています。ジュウシマツは八種類ほどの音素を持っているのですが、その組合せが特に複雑で、うたう度に異なる配列をとります。音素や単語、文法は個体ごとに全く違います。それぞれが自分だけのオリジナルソングを持っている、という訳です。それは生れた時から、すでに持っているものと思われがちなのですが、実はヒナから成鳥になる間に、学習によって獲得されるものなんです。ジュウシマツの歌の学習には二段階あって、まず第一段階は親鳥などの成熟した歌を聴いて、自分の歌の手本となる歌や発声のモデルを造る。そして第二段階で、実際にでたらめな歌をうたってみて、第一段階で造ったモデルと自分の歌の誤差を修正します。このように音声自体を学習する動物は、地球上にジュウシマツなど小鳥とヒトと鯨しか存在しません。

（at home 教授対談シリーズ）

この言葉から、言語というものが「規則性」をもつものであること、またそれを身につけるのは「学習」が必要であることがわかります。「話す」ではなく、「歌う」ためには、発声するだけでなく、声のなかの「規則性」の「学習」が必要なのです。

文学の発生を考える場合にも、こうした「規則性」と「学習」の考え方は役に立つでしょう。以前に、歌には形式美があると言いましたが、それはここでいう「規則性」に相当します。また、「歌」が誰でも歌えるようでいて、「学習」しなければできないことは、みなさんもよく知っていることだと思います。

ところで、岡ノ谷は鳥の鳴き声には「歌」だけでなく、「地声」というのがあると言っています。このことを文学に応用すると、「歌」は主に異性を惹きつけるための情熱の表現ですので、「叙情詩」に当たるのではないかと思います。一方、「地鳴き」のほうは、一般に「連絡」「警告」のためと言われており、これはもしかすると散文のもとかもしれません。文学は抒情だけで成り立たず、ときに散文的に情報伝達を加えることもあります。そうした散文は、鳥なら「地鳴き」となるでしょう。

では、「叙事詩」はと言われれば、「叙情詩」と散文の混交したものが叙事詩なのではないかと思います。「叙事詩」は物語詩であって、感情に訴える部分もあるが、出来事を叙して広く人に「連絡」するはたらきもあるのです。このようなことを言えば、すぐ大風呂敷を広げると言われそうですが、私は、世に流布される「叙事詩から叙情詩へ」という発展的文学史観を信じません。最初からこの二つは並存していたのであり、それぞれに用途が異なっていたと思うのです。

10　人間はメタファーで考える

メタファー（metaphor＝隠喩）が文学の核であるとは、たとえば『古今和歌集』に出てくる「花のいろはうつりにけりないたづらにわが身世にふるながめせしまに」という小野小町の歌が示しています。この歌は「ながめ」（長雨）と「ながめ」（眺め）を掛けることによって、実際の「花」が「青春」のメタファーとなるように仕組まれています。すなわち、表の意味は「長雨が降っているうちに、時が経ってしまい、花の色香も失せてしまった」ということで、裏の意味は、「人生を眺め暮らしているうちに、時が経ってしまい、我が青春は消え去ってしまった」ということなのです。この場合、表が裏のメタファーになっています。そうであればこそ、この歌は深みを増し、さすが文学、ということになるのです。メタファーが機能しないとおもしろくない。メタファーを解さない人は、話の通じない人ということになります。

『古今和歌集』はメタファーの宝庫ですが、前に見た「ひさかたのひかりのどけき春の日に静こころなく花の散るらむ」もそうです。のどやかな春の陽を受けて、桜の花があわただしく散っていく。その様を嘆いた歌ですが、一見して何のメタファーもないかに見えて、歌自体がメタファーとなっています。すなわち、「恋のはかなさ」「美のはかなさ」のメタファーです。

「花」は恋と美のメタファーであり、「美の短命」は『古事記』に登場する木花之開耶姫（コノハナノサクヤヒメ）以来、日本では文学の定番です。木花之開耶姫は天界から地上に降り立ったニニギノミコト（邇邇芸命）が地上で娶った女性です。美しいけれど、短命な女性でした。

この姫の名は、木の花が夜に咲く姫という意味です。まるで夜桜です。ここで思い出されるのが、以前に引いたフロイトの言葉です。「たった一夜しか咲かない花は、それだからといって愛しく思わないわけにはいかないだろう」と彼が言っていたのを思い出してください。

「ひさかたの」の歌の作者は、もちろん「メタファー」ということは意識していなかったでしょう。しかし、「春の日」があたかも悠久を暗示するものであり、それとは対照的に「花」は「静こころ」なく散ってしまうというのですから、「時の経過」による「うつろひ」を歌全体が暗示しているということは直感していたはずです。暗示という言葉を用いましたが、メタファーとは暗示のことです。『古今和歌集』の仮名序には目に見えるもの、耳に聞こえるものを介して心を表現するのが「やまとうた」だと謳ってありますので、この歌集の歌はすべて暗示であり、心情のメタファーということになるのです。

現代詩はどうでしょうか。二〇世紀になって西欧に登場した詩人、フランスのジャン・コクトー(Jean Cocteau）の次の詩はどうでしょう。堀口大學の名訳を引きます。

私の耳は貝の殻、海の響きを懐かしむ
(Mon oreille est un coquillage　Qui aime le bruit de la mer)

ここでは「貝の殻」が「私の耳」のメタファーになっているように見えます。また、その逆とも言えるでしょう。あるいはまた、「私は貝殻を耳に充てた」という意味にもとれるのです。つまり、この詩は多義的であり、そこに按配されたメタファーもひとすじ縄ではなく、機能が複雑化あるいは曖昧化されているのです。

二〇世紀はじめの西欧文学から影響を受けたと言われる川端康成の「伊豆の踊子」の末尾には、「私の頭は済んだ水」という表現が見つかります。作品に即して言えば、主人公の涙が止まらなかったことを言っているのですが、それを「私の頭は澄んだ水」としたことで、作者は精神浄化のメタファーにしているのです。人は悲しくて泣くこともありますが、この作品の涙は悲しさゆえではありません。明らかに精神の浄化を暗示する涙であり、だからこそ「澄んだ水」なのです。旅先で知り合った旅芸人の踊り子との別れが悲しくて泣いているというよりは、それまで世界に対して閉ざされていた心が、旅芸人の一行との出会いによって開かれたものになっていく感動が、「頭が澄んだ水」となったのです。「頭」とは思考のことです。思考が止まり、感情そのものにかえった、ということでしょう。

日本詩歌の精髄と言われる芭蕉の俳句を見てみたいと思います。俳句という言葉は適切ではなく、連句のうちの一句が独立したものを発句といい、そこから俳句という言葉が出てきたということは心に留めておくべきことですが、ここではそれについては詳論しません。

古池や蛙飛び込む水の音

この句の果たしてどこに、メタファーがあるのでしょうか。南米アルゼンチンの作家ホルヘ・ボルヘス（Jorge Borges）は、「俳句にはメタファーがない。現実の一場面をそのまま提示している」と言ったと言われていますが、もしそうなら、俳句はきわめて文学性の乏しいものということになってしまいます。メタファーこそ、文学のいのちなのですから。

「古池や」の句は、実はメタファーだらけです。まず「古池や」とありますが、これが何のメタファーかは、それと対比されるもの、すなわち「蛙」を見なくてはわかりません。この二つを並べると、一方が静なるもの、大きな面、悠久を暗示しているのに対し、他方が動くもの、小さな点、一瞬を暗示しているとわかります。すなわち、それぞれが静と動、大と小、面と点、悠久と一瞬のメタファーとなっているのです。

では、句全体はというと、「蛙飛び込む水の音」ですから、「古池」と「蛙」という二つの極が「飛び込む」ことで一つになる様が示されています。すなわち、静と動、大と小、面と点、悠久と一瞬が、ひとつの動作によって出会い、溶け合うことが暗示されているのです。つまり、句全体が、分裂する世界の統合という思想のメタファーとなっている。まさに、この句は「メタファー思考」全開の詩です。

ここで「メタファー思考」とうっかり言ってしまいましたが、まさにこの思考こそ、これから真剣に取り組むべき課題です。というのも、先に挙げた脳科学者のなかで、エデルマンがこのことに言及しているのです。エデルマンはダマシオとちがって、「情動」とか「感情」については何も言っていませんが、「メタファー思考」に触れています。彼によれば、人間の脳は言語を覚える前から思考をしており、その思考は「メタファー」の駆使によるものだというのです。

「メタファー」がもともと文学用語であることは、みなさんも知っているでしょう。先にも見たように、ある具体的な事物について語ることで、実は別のことをも語ってしまうとき、その具体的な事物は、その別なことのメタファーになっているのです。「あの人には花がある」とか、「もう一花咲かせたい」と言うときの「花」はまさにメタファーで、エデルマンによれば、人間の最も基本的な思考は、こうしたメタファーによるのです（*Second Nature : Brain Science and Human Knowledge*）。

メタファー思考が発達しなければ、いくら言語を習得しても、人間の思考能力は伸びないというのが彼の主張です。おそらくほかの脳科学者も、多かれ少なかれそう思っているのではないでしょうか。この説は、発達心理学の元祖ジャン・ピアジェ（Jean Piaget）の説とも重なるもので、言語習得以前の知的形成がいかに大事であるかを再認識させてくれます。すなわち、人間の知性の発達の基礎は言葉を覚えていない三歳以下の幼児のころに出来上がるというもので、だからこそ、幼児教育は大事だということになるのです。

世の中には、幼児の頃に数字を覚えさせようとか、外国語を学ばせようとかいう親がいますが、幼児には幼児の知性の発達があり、それが言語によるものでないということをわきまえておくべきでしょう。幼児の頃にやたらに知識をつめこむのは知性を発達させるどころか、ゆがめてしまう危険性が高いということです。

11　メタファー思考を育てよう

言語習得以前の思考とはどういうものなのか。脳科学者エデルマンは、これを「メタファー思考」と呼んでいます。彼によれば、脳は言語を持つ前に、すでにさまざまな事物の認識をしており、それらを形とか色とかさまざまな基準で分類し、互いの関連付けを行っているというのです。その思考を「メタファー思考」と呼ぶのは、イメージとイメージを関連づけ、それによってそれぞれに意味を与えるのがメタファーの役目だからです。「メタファー思考」とは、すべてをイメージの連関でとらえる思考のことで、もし彼の言うことが正しければ、文学は「メタファー」が核になっているわけですから、文学的な思考こそ人間の思考の根底にある、ということになります。文学は人間にとって必要どころか、人間の本質をなすもの、ということになります。とはいえ、エデルマンのいう「メタファー」の意味は、いまひとつはっきりしません。それについて、詳しく説明していないのです。彼が言っているのは、せいぜい「感覚によって集めたデータを選別し、いくつかのカテゴリーに分類すること」くらいで、それ以上のことは述べていません。そのわずかな説明の部分を、ここに引用します。原題が“*A Universe of Consciousness*”という本で、日本語に訳せば「意識という宇宙」となります。

論理よりも選別の方がつよい、というのが私たちの結論となります。それは自然の、身体による選別であり、そこからメタファーも言語も生まれ出てくるのです。パターン認識、メタファーによる思考、そうしたものの根底にあるのは、論理ではなく、選別です。思考というものは、窮極的には、身体の環境との交流にもとづくものであり、そうであればこそ、一定の限界ももつものなのです。とはいえ、そうした選別によるパターン認識の力は、論理的な方法で命題を証明するといったものよりはるかに強力なものです。

この説明から「メタファー思考」と「選別」との結びつきを割り出そうとしても、なかなか難しいことです。エデルマンのいう「メタファー」の意味は、はっきりしないままなのです。

その点では、むしろ文化人類学のほうが「メタファー思考」を具体的に教えてくれています。

というのも、その代表的な人物のひとり、クロード・レヴィ＝ストロース（Claude Lévi-Strauss）は、人類の基本的な思考は「メタファー思考」だと言っているのです。彼のこの思考の分析は、彼の主著『野生の思考』（*La pensée sauvage*）に鮮明に現れています。以下、エデルマンならぬレヴィ＝ストロースの論を紹介し、「メタファー思考」のなんたるかを見ていきたいと思います。

『野生の思考』は、いわゆる「未開人」の思考を解明しようとしたもので、二〇世紀後半を代表する一冊と言ってよい名著です。「未開人」というとなにか知恵のおくれた人たちのように聞こえますが、レヴィ＝ストロースに言わせれば人類の原型であり、どのような文明人も根底においては「未開人」なのです。では、その思考はというと、彼は基本的にこの思考は「メタファー思考」であると言っています。具体的に、これはどういう思考なのでしょうか。

レヴィ＝ストロースによれば、「未開人」はすべてをすべてのメタファーとして捉えている。たとえば、上空の世界に存在するあらゆるものを互いに関連づけ、その相互関連図をそのまま地上の事物の相互関係に当てはめ、さらには、同じ相互関連を個人の人体の各部位の相互関係に当てはめ、最終的には、それらの相互関連を、社会組織の相互関係に当てはめているのだそうです。そうなると、上空の世界と地上の世界、個人と社会、それらがすべて互いに互いを照らし合うメタファーとなり、これによってすべてが結ばれあって、調和ある世界のイメージが実現することになります。人類はそうした世界観を理想として求めつづけてきたのであり、一見すると驚くべき複雑なシステム思考のようでいて、実は単純な夢がそこに反映されているということにもなるのです。
こうした総合的思考は、人類が自分を取りかこむ環境を長い時間をかけて観察し、それを構成している多様な事物を分類し、相互に関連づけ、それによって自分たちの社会生活と個人生活に意味を与えることをしてきた結果だとレヴィ＝ストロースは言います。これが人類の思考の原型たる「メタファー思考」の目指すところなのです。科学的な思考も、文学をも含めた芸術的な思考も、すべてここから出発すると彼は言います。そうした見解を、彼はたとえば次のような言葉で表しています。

トーテム制と呼ばれるものについての起源を説明する神話は、世界中あちこちで形は違っていても、どれもが同じ内容を含んでいる。すなわち、系列の各項どうしではなく、系列全体が互いに対応するような二系列から成っているということで、しかも、その対応関係が相互にとってメタファーの関係になっているということだ。

これだけを読んでもなんのことかわかりにくいでしょうが、たとえば、「鳶が鷹を生む」という表現があります。空を飛ぶ二つの動物、すなわち「鳶」（とび）と「鷹」（たか）が対比されていますが、この対比関係が上空の動物系列とすると、それが地上の人間系列に対応していて、「平凡な親」から「非凡な子」が生まれるという意味になるのです。このとき、「鳶」と「鷹」は

「平凡な親」と「非凡な子」のメタファーなのですが、「未開人」の場合は、これをもっと拡大発展させて、海の動物どうしの関係にも、陸上の植物や動物どうしの関係にも、また人間集団と人間集団の関係にも同じ論理を当てはめるのです。そうすると、空の世界も陸の世界も、海の世界も、はたまた人間集団も、すべてひとつのメタファー・システムのなかにくみ込まれ、なにひとつ孤立することなく、すべてが関連づけられ、説明しつくされるのです。このような思考をレヴィ＝ストロースは「メタファー思考」と呼び、あるいは「アナロジー思考」、すなわち「相似思考」とも呼んでいるのです。

なるほど、空の世界の分類図式をそのまま地上の世界に移しかえ、さらにまたそれを人体や社会組織にまで応用するそのやり方は、世界を相似形の集合と見ているからこそ可能なことです。天上の世界がこうでこうだから、地上の世界でもこうでこうなる。そのようにすべてを理解できるのは、相似形の認識が根底にあってのものなのです。この多様で雑多な世界を少しでも理解するために、相似形にもとづく分類を用いる。それを人類は絶え間なく行ってきたというわけです。

ここで、以前に分析した芭蕉の「古池や蛙飛び込む水の音」に戻りたいと思います。なぜなら、この句の背後にある世界は、まさに「メタファー思考」によって構築されているからです。この句で「古池」が「蛙」に対立していること、それぞれが「静と動」「面と点」のメタファーになっていることはすでに述べました。しかも、「飛び込む」があるために、句全体は静と動、面と点といった世界対立の融合を表すメタファーになっているとも言いました。このように、すべてを対立図式においてとらえ、それによって個々の事物の意味を確定していくとき、私たちは個々の事物のレベルを超えて、世界全体をメタファーの束としてとらえ、すなわち「メタファー思考」を実践しているのです。

みなさんは、イタリア映画「イル・ポスティーノ」(Il Postino) を見たことがあるでしょうか。この映画は、チリの有名な詩人であるパブロ・ネルーダ (Pablo Neruda) がイタリア南部のカプリ島に身を寄せたときのことをもとにしており、主人公はそのネルーダに手紙を届ける郵便配達夫です。郵便配達夫のことをイタリア語で「ポスティーノ」というので、タイトルは「その郵便配達夫」(Il Postino) となっています。「イル」(Il) は定冠詞です。

日本語のタイトルは「郵便配達さん」でよかったのに、どうしてイタリア語をそのまま日本語式に発音したものがタイトルになったのか。この問題は本題からはずれるのでここでは追求しませんが、実は日本文化全体に関わるゆゆしき問題です。

そこで「通便配達夫」ですが、この男は文学などまったく知りません。しかし、ここが実は大事なのですが、文学の心はもっているのです。その証拠に、詩人ネルーダが彼にメタファーということを教えます。自然のさまざまな現象と心に思っていることを結びつけ、心に思っていることを、自然をつかって表現するという詩歌の基本を教えるのです。たとえば、「空が泣く」が「雨が降る」のメタファーであるとか、「引いては寄せる波」が「恋心」のメタファーであるとか、そういう説明をします。すると、そうした話を聞いているうちに、いつしか郵便配達夫は、この世界全体がメタファーだと思うようになるのです。「メタファー思考」に目覚めたと言えるでしょう。

「メタファー思考」が集団のなかで生きている例を、私は南米ペルーにいたときに見ました。ケチュア（Quechua）という先住民が、たとえば白と黒のブチの猫を「光と闇」と呼んでいるのを聞いたのです。彼らにすれば、なにも「文学的」をねらったわけではなく、自然にそうなるだけのことだったでしょう。彼らにとって、「白」と「黒」は単なる色ではなく、この世界を二つに分ける「光」と「闇」を想起させるものであり、その二つを一身に背負う猫は、世界全体を表すことになるのです。このような考え方こそまさにメタファー思考だと、あらためて心に銘記しましょう。

12　詩人とメタファー

メタファー思考について、もう少し話を続けます。この思考は、私たちの周囲では、小さい子供によく見られます。たとえば四歳の子がトーストに塗ったジャムの形を見て、「あ、人がいる」というのがそれです。この場合、その子は本気でそこに「人」がいるとは思っていませんが、そこに「人」をみることで、食べるべき対象である「パンとジャム」を、人の世界と関連づけるのです。

メタファー思考とは、まさにこのような思考で、さまざまな事物を一定のカテゴリーの中に入れるだけでなく、事物と事物のあいだに、カテゴリーとカテゴリーのあいだに、つねに関係を見出そうとするものです。これによって、世界のすべてに「意味」、あるいは「価値」が与えられるのです。

しかし、もし人間の根底にそうした思考があるなら、人間の基本的な心が文学的であるということになり、そうなると、世に言う「文学」というメタファーの束はとくに必要がないのではないか、ということにもなります。もしも人間の思考がもともとメタファー的であるなら、すべて人間の考えることとは文学となるのであり、格別に「文学」という特別な領域を設ける必要はなくなるからです。いわゆる文学は、そうなると、人間に必要なものとは言えなくなる。なぜなら、すでに人間に備わっているからです。

前にも言いましたが、鳥のさえずりも、人間の歌も、集団のなかで自分と他人の関係を結びつけるのに役立つ「感情表現」です。そのかぎりにおいて、文学のもとである歌は、人間にとって絶対必要なものと言えるでしょう。ですが、メタファーの場合はどうか。メタファーは、果たして人間を人間たらしめるほど重要なものなのか。

私のこの問いに対する答えは、いわゆる文学と呼ばれるものはそのメタファーの豊富さによって、そのメタファー性の強度によって、人間の持っている根本的な思考であるメタファー思考を強化する役目を担っているというものです。人間、どんなに論理を発達させ、概念構築を盛んにして哲学や科学を発展させたところで、その原点はメタファー思考なのですから、この基礎を強化しなくては、より高度な思考力が形成されないでしょう。先に引用した脳科学者のエデルマンによれば、メタファー思考なくして論理も科学も発達しないのですから、いわゆる文学、すなわち詩歌や物語によって、この思考を発達させておかなければならないのです。

私がこのようなことを考えるに至ったのは、認知科学というものを知ってからだと思います。認知科学者の中に、「人間の思考はそもそも文学的」と主張する人がいて、それが私に目を開かせてくれたというか、自分の漠然とした考えに明確な輪郭を与えてくれたのです。その認知科学者の名はマーク・ターナー（Mark Turner）、その主著『文学する心』（*The Literary Mind*）が重要です。

そもそも認知科学（cognitive science）とは、私の理解では、人間の脳がどのように事物を認知するのかを研究する学問です。本来は人工頭脳の研究に付随するものとしてあったようですが、研究分野が拡大し、心理学や言語学、文学の研究にもそれが応用されています。前述のターナーの場合、文学を認知科学的に考えようとしたように思えます。

ターナーの主張は、科学的認識の根底にも文学があるというものです。彼によれば、人間の認知はことごとくメタファーによっているのです。「未開人」も「文明人」も関係なく、すべての人間がそうだというのです。しかも、そのメタファーの基礎は身体の感覚と行動だと言い切ります。つまり、人間は身体を用いて行動しながら世界の事物を認知していく。その際、自身の身体の動きを、知らずに事物に当てはめているというのです。そうなると、外界は身体感覚と身体行動のメタファー、ということになります。

たとえば、私たちは大人になっても「電車が走る」と言います。ここにもメタファーがある、とターナーなら言うでしょう。なぜなら、「電車」は、実際は「走る」のではなく、一点からもう一点へと移動しているだけだからです。私たちが「電車は走る」と言うのは、電車の動きを自身の身体運動に無意識にたとえている、あるいは投影しているからです。この投影こそ、メタファー思考のあらわれなのです。むろん、大抵の人は、そのことに気づきませんが。

大人はさすがに言いませんが、小さい子どもは電車がトンネルに入ると、「電車が目をつぶった」などと言います。「目をつぶる」は自身の身体運動ですが、これを電車に当てはめているのです。電車は無機物であるのに、子供にとっては自分と同じ生き物です。電車は「自分」の力で動くのですから、そう感じるのも無理はありません。

ターナーによれば、私たち人間が世界について何かを語るとき、必ずこの種のメタファー表現になるのです。それは、物事を自身の身体運動を元に捉えているからだと彼は言います。しかも彼は、いわゆる文学と呼ばれるものだけでなく、科学的表現にまでそれが出てくると言います。

なるほど、そう言われてみると確かにそうで、たとえば英米の脳科学者は、脳神経が受け取った情報を別の脳神経へと伝達するとき、そこに電気作用が起こることを、しばしば「引き金をひく」（trigger）という動詞を用いて表現しています。「引き金をひく」は脳神経細胞にはあり得ないことで、脳科学者が自身の身体行動をそこに当てはめているとしか言えません。人間は自分たちを取りまく世界をこれ以上ないほど客観的に語っているつもりでも、そこに自身を投影しているのです。すべての認識にメタファー思考が介入しているというターナーの主張は、なかなかに説得力があります。

人間の思考の基本的な道具は物語力、すなわち話を創造する能力である。理知的な諸能力はそこに依拠する。（…）すなわち、一般に、人間の認知には文学的能力が必須なのである。それゆえ、人間の心は基本的に文学的なのだと言える。

これはターナーの著書からの引用ですが、彼がどうして人間の心は基本的に「文学的」なのだと主張しているかがわかるでしょう。彼にとって、人間は行動しながら話を作っていく存在で、その主人公は自分自身なのです。

このことを、彼は身体運動の物語、すなわち「行動の物語」（action story）から「出来事の物語」（event story）への「投影」（projection）という言葉でも説明しています。つまり、人間はまず自分自身の行動の物語を作り、それを外界の出来事、あるいは自分自身に降りかかる出来事に投影しているというのです。その場合重要なのは、投影される「行動の物語」の内部構造と、投影先の「出来事の物語」の内部構造とが同一であることです。その内部構造のことを、ターナーは「映像図式」(image-schematic)と呼び、これがすべての投影の基礎、すなわちメタファー思考の基礎になっているというのです。この彼の考え方は、人類学の立場から人類の基礎的思考がメタファー思考であり、その最も顕著な構築物が「神話」であると述べたレヴィ＝ストロースの見解ともつながります。

13 人事より自然を優先する日本文学

みなさんは、角田忠信の『日本人の脳』という本を読んだことがあるでしょうか。この本を批判する人も多いようですが、傾聴に値する論が含まれていることは間違いありません。この本の趣旨は、日本人の脳は自然の音をも言語と同じに処理しているというもので、私はこの説を日本文学の根幹に触れるものとして珍重しています。

彼のこの説がどの程度科学的根拠を持つのかについては、いろいろ疑問が提出されています。しかし、彼がそれなりに実験をし、上記のような結論に至ったことはたしかです。欧米人や中国人は左脳で言語を処理し、右脳で自然音を処理するが、日本人とポリネシア人は、言語も自然音もどちらも左脳で処理している。これが彼の結論です。日本人の起源はポリネシア人だと言っているようにも聞こえますが、そうではなくて、彼によれば、これは人種の問題ではなく、言語の問題なのです。

母国語が何語であるかが自然音を聞きとるうえで決定的である。そういうことを彼は言いたいのです。日本人でなくても、日本語が身についた人は自然音を言語のように受けとるし、逆に日本人であっても、アメリカに生まれ育ち、母語が英語になってしまえば、もはや「日本人の脳」ではなくなるということです。

角田の示したこの論は、文学とは言葉の世界であり、言葉は文字で書かれていてもつねに音声を引きずっているという事実と無関係ではありません。文学が音の世界であるなら、そこに自然音がどのように取り込まれているかは、その文学の根本性質に関わることなのです。日本語やポリネシアの言語を母語とする人たちは、おのずとそれに応じた文学を育てているはずだと考えてよいわけです。

このことからすぐに思いつくのは、日本語におけるオノマトペ（擬声語・擬態語）の豊富さです。オノマトペが多用されているということは、自然音をそのまま言語に取り入れ、それを単語とする頻度が高いということを意味します。言葉のもつ概念性は低くても、感覚性はこれによって増す。日本文学はそうした言語感覚に支えられているのであり、これを抽象的にいえば、原始的な感覚を記憶から抹消せずにきたのが日本文学、ということになるのです。

日本人のそうした自然音への感性は、結局のところ、自然を唯一の基準としているということを示し、そのような根本発想が文学にも当然反映していることになります。外国文学の影響があってこの文学が発展してきたことは事実にはちがいありませんが、たとえば、平安時代の詩歌の世界では中国唐代の詩人・白居易が一番人気であったにしても、その白居易の詩のすべてが愛されていたわけではなく、彼の自然を愛好した部分がとくに愛されていたのです。つまり、日本人は自分の好み、自分の感性に合わせて白居易を受容したのです。

そういうわけで、平安時代の代表的な詩歌集『和漢朗詠集』において白居易の詩が最も多く収録されているにせよ、以下の場合のように、その前半部分だけが収録され、後半部分が切り捨てられるということにもなるのです。まず、白居易の原詩を示しておきます。左側が原文、その右が読み下し文、すなわち日本文法に即して語の置き換えをしたものです。

相思夕上松臺立　　相思ひて夕に松台に上つて立てば
蛩思蟬聲滿耳秋　　きりぎりすの思ひ 蟬の声 耳に満つる秋なり
惆悵東亭風月好　　惆悵（ちゅうちょう）す　東亭 風月のよきを
主人今夜在鄜州　　主人今夜鄜州（ふしゅう）に在り

この詩の大意は、友人を訪ねた主人公が、その友人が遠方に行っていて不在であると知り、その友人の邸の庭を歩き、秋の虫の声を聞いて悲しみに沈むというものです。つまり、友人不在の寂しさを歌ったものです。一方、『和漢朗詠集』の編者は、この詩の前半だけを採用し、「きりぎりすの思ひ、蝉の声、耳に満つる秋なり」で締めくくりました。これによって、季節感と心情が「秋の虫の声」によって象徴されるという詩になるわけです。原詩にある主人公と友人との関係など、いっさいの人事が切り捨てられます。編者にとって、自然と人の心の対応のみが大切だったのであり、後半部は要らないと判断されたのでしょう。日本人の自然音への執着がみつかるとともに、人事についての無関心もみつかる一例です。これを一般化して、日本文学の志向は西洋や中国とはちがって人間世界には向いておらず、自然あるいは自然と人間の結びつきのほうに向いている。そのようにいうことも、あながち大げさではないかもしれません。

ところで、私が角田の日本語論と日本文学を結びつけて考えたくなる背景には、言語が人間の世界観に与える影響をきわめて大きいものとするアメリカの言語学者エドワード・サピア（Edward Sapir）とベンジャミン・ウォーフ（Benjamin Whorf）の理論があります。彼らの主張した「言語構造が世界観の構造を規定する」という説が絶対に正しいかどうかはわからないにしても、言語構造がその言語を使用する人の思考構造に与える影響は決して無視できないと思われます。たとえば、あるアメリカ映画で、ある人物が“I like him.”と言ったとします。それを日本語版字幕で「あの人、いい人だね」と訳したとします。この訳は国語学者の金田一春彦によれば「名訳」だそうですが、なるほど日本語の文脈にぴたりと当てはまるのです。

字幕の意味内容は原語とは異なり、そのちがいこそが日本語に対応する思考世界と英語に対応する思考世界のちがいを示しています。前者は主体と客体の区別があいまいで、直接的な感情表現をとらず、当たりさわりのない言い方になっていますが、後者は主体と客体の区別をはっきりさせ、感情表現を直接的にしているのです。このちがい、欧米人と日本人の人間観のちがいを反映していると言えるのではないでしょうか。

さて、人間にとっての第一の自然といえば、外界ではなく、ターナーも言うように自分の身体です。自然に対する感覚が異なれば、当然身体感覚についての言語表現も異なるはずで、事実、身体感覚の言語表現においても日本語と英語では大きく異なります。たとえば、日本語では「頭が痛い」「腹が減った」は普通の表現ですが、それの英語版は"I have a headache." "I am hungry." となり、必ず主語のIが先頭に出てきます。これすなわち、欧米人が自身の身体を「私」という主体によって統括されるものとして捉えているのに対し、日本人は自身の身体の各部位をも、それぞれ独自性のある主体として捉えているということになります。

世の中、すべて翻訳可能などといいますが、これほど当てにならないものはありません。翻訳で伝わるものはごく一部であって、その根底にある文化的差異までが伝わるわけではないのです。文化的差異ということについて、私たちはもう少し敏感でなくてはならないでしょう。

14　本居宣長の現代性

日本文学は自然志向、原始志向が強いことは、これまで述べてきたことから明らかでしょう。しかしながら、なにも日本文学の特徴を強調するためにそのことを言ってきたわけではありません。レヴィ＝ストロースが言うように、すべての人の根底にあるのが「野生」の思考ならば、日本文学の伝統には普遍的な価値があり、それは世界中の人々の根底にもあるはずだと言いたかったのです。

日本文学に現れる自然志向は、世界のあちこちにあるでしょう。たとえば近代西欧においては、一八世紀の思想家ジャン＝ジャック・ルソー（Jean Jacques Rousseau）もそうした志向をいだいていています。彼によれば、近代文明の中心である理性と科学は、ともすれば人間のなかにある「自然」を抑圧しがちなので、これを放置すればいつ命が枯れ果てるかわからないというのです。その彼は、この「自然」を守るには文学あるいは芸術をしっかり保護する必要がある、と考えました。彼の言うところが正しければ、文学は人類にとって必要なもの、守らなくてはならないものとなるのです。

ルソーと同時代の日本人、本居宣長も似たような思想を展開しています。本居によれば、人間は事物に喚起された感情によって事物を認識するのであって、そのような認識の言語表現として歌があるというのです。しかも、彼はそのような認識が最も先鋭化されるのは、人が恋をしているときであるとも言っています。ロマン主義の先駆をなすと言われるルソーと、この点でも近いものがあります。本居の言葉を少し引用しましょう。

哥は情よりいづるものなれば欲とは別也。欲よりいづることも情にあづかれば哥あるなり。

（「あしわけをぶね」）

ここでは歌が「情」から出て来るもので、「欲」からではないと言っているわけですが、「情」が「感情」を指し、「欲」が本能的な「情動」に相当することは明白です。では、どのようにして「欲」から「情」に至ることができるのか。

情あれば物にふれて、必ず思ふ事あり。（略）さまざまにおもふ事のある、是非物のあはれをしる故にうごく也。しる故にうごくは、たとへばうれしかるべき事にあひてうれしく思ふは、そのうれしかるべき事の心をわきまへしる故に、うれしき也。またかなしかるべき事にあひてかなしく思ふは、其悲しかるべき事の心を弁へしる故に、かなしき也。されば事にふれて、其うれしくかなしき事の心をわきまへしるを、物のあはれをしるといふなり、その事の心をしらぬ時は、うれしき事もなく、かなしき事もなければ心に思ふこともなし。

（「石上私淑言」）

というわけで、人は「もののあはれをしる」ことによって、はじめて嬉しいことは嬉しいと感じ、悲しいことは悲しいと感じるのだというのです。そうした感情が認知されなければ、人は思うということもない。したがって、考えることはできなくなる、と言っているのです。

では、それと「恋」との関係はというと、次の文章が端的にそれを語っています。

人の情の感ずること、恋にまさるはなし。されば、もののあはれの深く、及びがたき筋は、ことに恋に多くして、神代より世々の歌にもその筋を詠めるぞ、ことに多くして、心深くすぐれたるも、恋の歌にぞ多かりける。

（「源氏物語玉の小櫛」）

すなわち、人間の感情が最も高ぶるのは恋をしているときであり、それだからこそ、古来恋の歌が多いのだというのです。文学の根源にもかかわるこの発言、私たちが繰り返し考える必要があるでしょう。

本居のいう「もののあはれ」ですが、これを事物による感情の喚起を意味するものと見てよいと思います。それを認知することなくして人は人になれない、というのが彼の主張なのです。しかも、それが先鋭化されるのは恋をしている時だと彼は言った。本居にとって、恋のない人生は本当の人生ではないということだったのです。ロマンチックなことをいう人だ、などと考えてはいけません。彼の発言は、もっと根源的な、もっと生物学的なものです。

というのも、彼の説は、以前に紹介した『鳥のさえずり言語起源論』とも通じるものだからです。鳥のさえずりは基本的に恋の歌。蝉の鳴き声にしてもそうだし、他の動物にも当てはまる、と生物言語学者の岡ノ谷は言っています。異性を求める感情表現が鳴き声となり、歌となるというのであれば、これは本居の説を生物学的に支えることになるのです。本居を単なるロマン主義者として片づけるのはもうやめましょう。彼の言ったことは、もっと深い、永続的なものです。

本居が事物の認識を感情によるものとしていることについて、疑いをさしはさむ人もいるでしょう。本当にそうなのだろうか、と。認識とは理知によってなされるものという立場に立てば、そうした疑問が生じて当然です。しかし、これについては、先に挙げた脳科学者のダマシオの説を思い出すのがよいと思われます。ダマシオは、生き物は「情動」に基づいて事物を判断し行動すると言っており、この「情動」こそが、まさに「もののあはれ」の発生する根源なのです。

しかも、面白いことに、本居は人が人となるには、「もののあはれ」を「知る」ことが大切だと言っています。これはダマシオのいう情動の「意識化」に相当し、「情動」が意識化されて「感情」へとアップグレードされないと理知は始まらない、と言っているのです。本居の言うことは、ダマシオの説と合致します。本居は、「もののあはれ」を「知る」ことによって歌が生まれると考えたのですから。

歌は心を整えると言われますが、心が整わないと歌えないのが歌でしょう。歌は、人を人らしくするものであると同時に、人が人らしくならないと出来ないものでもあるのです。

このような考え方は、教育においても生かせるものです。いかに文学が大切であるか、ということにもつながります。文学が人を人にするのなら、きちんと子どもの時からそれを教えておくべきではないでしょうか。すなわち、何かを経験したあと、それによって動揺した心を整え、それを歌にする訓練、これが必要となるのです。

日本ではその意味での文学教育がしっかり出来ているかというと、到底そんなことはありません。国語という教科があり、そこでは文字を教え、言葉の使い方を教えるけれども、それでは文学の教育にはならないのです。私個人の印象では、現在の国語教育は、文学教育の観点からはきわめて不十分。心を整えて歌を生み出す練習は、そのための手本として古典的な歌の学習が必要なのですが、それとはほど遠いのが現状です。日常的なコミュニケーションの手段、あるいは論理的な文章の組み立てしか教えていないとすれば、将来を考えると不安になります。ルソーや本居の言を思い出し、「もののあはれ」を感じ、知り、そこから歌を詠み出すという練習を、もっとさせるべきだと思います。そうすることで古い伝統ともつながり、それによって安定した精神を形成できると思われます。

15　文学のふるさとに帰ろう

文学といえば、文学全集に入っている本が文学だという見方があります。これは案外に根強いもので、そこに入っていない小説や詩は、あたかも文学ではないかのようです。なるほど、世界文学全集に入っているシェイクスピアだの、ドストエフスキーだのは、世界文学を代表するもののようであり、文学作品とは彼らの作品のようなものだという考えが広まっています。私自身、そうした文学観を信じてきたひとりですが、よく考えてみれば、そういう文学観では現代の流行作家たちの作品など評価できません。果たして、それでよいのでしょうか。文学とは、本当に「名作」のことだけを意味するのでしょうか。

従来は、シェイクスピアやドストエフスキーの作品を基準に文学を見てきた私ですが、いまや、彼らは山の頂上にすぎない、文学とは山そのもの、あるいはその裾野でもあろうという考えになっています。

かつて、哲学は古代ギリシャの思想から発した西洋の知性の流れと捉えられていたのに、ある時からインドや中国の思想までも視野に入れた世界哲学という考え方が出てきて、さらに最近は人類学の成果を取り入れて、「未開」と呼ばれる人々の思想をも視野に入れた哲学が出てきています。文学においても、同じことが起こるべきではないでしょうか。

このような考えに至った背景には、文化全体のなかでの文学の位置の低下ということもあります。かつて文学と呼ばれていたものが、いまでは自明ではなくなり、絶対的と思われていたその地位が、相対的なものになってしまったのです。たとえば現代の若者は、私たちが若い頃に漠然と抱いていた文学なるものを、おそらく持っていません。私が大学生のころは文学を尊いものと思い、ドストエフスキーを読まない人は人として劣るかのように考える節があったのですが、そうした価値観はいまやどこにもなく、文学というものについての統一的見解も、もはや存在しないと思えるのです。つまり、人によって文学の内容が異なり、それに応じて読む本も異なってくる。これが現状であるからして、かつてのように「名作」を基準に文学を考えることなど、もうできないのです。

このことは、文学読者の減少とも関係しています。文学以外のメディアの発達はめざましいものがあり、そちらに人々の関心が移っているのです。これをもって文学の衰退を嘆く人もいるでしょうが、いわゆる名作は読まれなくなっても、エンターテインメント小説はスマートフォンを通じてでも読まれているし、漫画やアニメや映画の世界に文学が浸透しつつあることも考えれば、文学への関心がすたれたとは一概に言いにくい状況です。この新しい状況において文学を見直すことは、どうしても必要なことと思われます。

文学という概念の見直し作業は、欧米においてもここ三〇年つづいています。イギリスやアメリカの大学では、文学研究に対抗して文化研究（cultural studies）なるものが一九九〇年代から盛んになっているほどで、この新しい研究領域は、これまで文学と呼ばれてきたものを批判し、それが文化の規範として上から下へ押し付けられてきたと抗議しているのです。文学とはそうした規範から自由であるべきもので、従来の文学は「非民主的」な文化観の産物だというわけです。この見方がどこまで正しいかどうか、なにか大事なものを見落としてはいないかどうか、そこは少し考える必要があるとは思います。

「文化研究」を主張する人々が光を当てようとしているのは、たとえば工場労働者が酒場で唄う歌とか、あるいは青少年が学校で教わる文学とは別に好きで読む漫画、読み物といったものです。これらを、彼らは文学というハイ・カルチャー（high culture）に対して、サブ・カルチャー（sub-culture）と名づけ、教育の場ではハイ・カルチャーばかりを教えないで、サブ・カルチャーをもっと教えろ、そうしないかぎり、人々は文学から遠ざかるぞ、と主張しているのです。一見して民主主義的であり、一理はあると思うのですが、それなら古典的な文学教育を廃止してもよいものか。私など、疑問を持ちます。

「文化研究」の潮流に対しては、頑固に反対する古典主義者もかなりいます。多くの大学の先生は、いまでも大学で教える文学は古典にかぎるべきで、時代社会の価値を超えた人類の文化遺産としての古典こそは真の教養をなすものだと主張しています。彼らの考えでは、古典は学ばねば読み通せるものではない。だからこそ、教材とすべきなのであり、大学とは教養をみがく場なのだから、古典教育こそ大学では重視すべきだというのです。この説は十分拝聴に値するものがあると思います。

そうした古典主義者でなくても、構造主義者のジョナサン・カラー（Jonathan Culler）などはカルチュラル・スタディーズのあり方には注文をつけています。彼によれば、文学教育の基礎はテキストの解読法を身につけることにあり、この方法は古典をテキストとして用いてこそよく身につく。それをしないで、いくらサブ・カルチャーを研究しても、たいした成果はあがらないのではないか、というのです。真っ向から「文化研究」を否定してはいませんが、古典テキストを教材とするのがよいという点では、彼は保守的です。

私はというと、カラーの立場に近いところにいます。ノーベル賞を受賞した物理学者の益川敏英が、大発見よりも基礎の訓練が大事と言っていましたが、訓練ということから言って、やはり古典の勉強が大事だと思います。とはいえ、従来の文学概念を見直したいという点では、単なる保守派とはちがいますが。

教育の立場から考えて、私はサブ・カルチャーを文学の枠外に押しとどめておくことには反対です。たとえば、沖縄や奄美の島人に愛唱されている歌には、文学の基底を示すものが見つかるのであり、それらを研究することには和歌を研究するのと劣らぬ価値があるように思えます。奄美・沖縄の歌は、これまで日本文学とはみなされず、完全に教育や研究の埒外にありましたが、それでよいとは思われません。古典を知らないでこうした歌を分析するのが難しいのは確かですが、だからといって、これら島々の歌の文学性を無視したくはありません。

奄美や沖縄の歌謡が文学性を持っているということについては、現代の日本では文学性の高い歌に出会うことが稀であるだけに、どうしても強調しておかねばなりません。芸のない恋の歌ばかりがはびこっている現状は、私には我慢できないのです。

世界中どこでも恋の歌が多いのは事実であり、日本だけが例外ではありません。鳥のさえずりが異性を求めてのものであるなら、人間の歌に恋歌が多いのも当然でしょう。しかし、月並みな言葉の羅列はいい加減にしてほしいと思います。それに、恋だけが人生ではないのだから、人間の感情のさまざまな面がもっと歌に表れるべきだと思います。

奄美や沖縄のような南の島々では、人間の生に根ざす歌がいまも創られ、歌われています。そうした南の島々に行けば、それが見つかるのです。その一例を挙げれば、宮古島出身で、宮古の言葉で歌う下地勇がいます。彼の歌など、同じ感情表現ではあっても、その感情は恋以外のさまざまな面に及び、生活に深く根ざしているのです。たとえば、自分の祖父が亡くなったときの祖母の悲しみを歌った歌、「おばあ」。以下の言葉で始まります。

ヴ　ヴぁのおてぃばんかい　ぴらでぃてぃまい　にゃあだな
ばぬ　たふ　けえ　うつ　ぎ　さだりぴい　がてい
ぴ　ぐり　ぴい　おじいが　みぱなゆ　なでぃ
おばあがみいから　なだぬ　うてぃい　ぴい

これを読んでも、日本人のほとんどは何を言っているのかわかりません。それというのも、これは方言ではなく、日本語とは別の言語だからです。ここは間違えてはいけませんが、一般に語源的には共通の言葉が多くても、文法的にほぼ同じであっても、同一の言語とは言い切れません。たとえば、イタリア語とスペイン語は語源的に共通の言葉も多いし、文法的にも非常に近いけれども、同一言語とみなされてはいないのです。宮古語は宮古語、日本語は日本語です。

では、先の引用部分を日本語に訳すと、どうなるか。およそ、以下の通りです。

あなた　なぜ私に　さよならも言わず
私ひとりを置いて　先に逝くの
冷たくなるおじいの顔をなでながら
おばあの顔から　涙が落ちていく

この例を見てもわかるように、またこの方面の研究では最も有名な小野十郎の『南島歌謡』を読んでもわかるように、昔から南島の歌は生活の歌であり、その例を挙げればきりがありません。なにしろ、選挙演説にも歌謡が組み込まれてきたという伝統があるのです（神谷裕司『奄美、もっと知りたい』）。

下地の歌にも、母親が小学校の校庭で自転車に乗る練習をしたときのことを歌ったもの、飲み会に行って帰りにどれが自分の履物かわからなくなったときのことを歌ったもの、そうした歌がありますす。そのなかでも最もよく知られているのが先に冒頭を引いた「おばあ」で、これは名作といってよいものです。

ところで、下地の歌の原点はというと、南島の歌謡もあるけれども、直接にはアメリカのフォーク・ソングです。フォーク・ソングといえば民謡のことですが、アメリカでは一九六〇年代にそれまであった民謡とは違って、より文学性の高い「新しい民謡」(modern folk songs)が作られました。それらの歌は、人々の生活、政治、社会、自然との共存などを歌ったもので、恋の歌はそれほど多くありません。当時の若者たちは商業主義から逃れて真の歌を求めていたのであり、その要望に応えたのがモダン・フォーク・ソングと呼ばれるものだったのです。下地はその精神を汲んで、自らの歌世界を拓いたわけです。

そこで、アメリカのフォーク・ソングですが、何と言っても歌詞の文学性の高さで際立つのは、ノーベル賞を受賞したボブ・ディラン(Bob Dylan)でしょう。彼の歌は戦争批判、社会批判もあれば、物語歌もあり、個人的な心の悩みを歌ったものもありますが、いずれもが詩としてよくできており、すなわち言葉に力があって、リズムも音の響きもよいのです。しかも、思想もしっかりしているため、その歌詞が詩集として刊行されもすれば、学校の文学の教材にまでなっているのです。

このことについては、本章のはじめのほうにも述べましたが、そこで紹介した曲とは別の一曲を、ここではその冒頭のみ紹介します。"Don't think twice, it's alright"。直訳すれば、「二度と考えるなよ、もう大丈夫さ」ということになります。

It ain't no use to sit and wonder why, babe
It don't matter, anyhow
An' it ain't no use to sit and wonder why, babe
If you don't know by now
When your rooster crows at the break of dawn
Look out your window and I'll be gone
You're the reason I'm trav'lin' on
Don't think twice, it's all right

これを日本語に訳すと、どうなるでしょうか。およそ、こんなことだと思います。

そこにすわって、どうしてなの、なんて考えたって無駄だよ、お前さん。
もう、どうでもいいんだ。
今でもまだわからないんだったら、意味ないだろ、考えたって。

夜が明ければ、コケコッコって鶏が鳴くだろ。
そうしたら、窓から顔を出したらいいよ。どうせ、俺はもういないんだから。
俺がね、一っところにとどまれないのは、お前さんのせいなんだ。
ま、もう考えても無駄だよ、もう大丈夫だってば。

なんともぶっきらぼうな歌詞ですが、これが別れる恋人への捨て台詞だと思うと、切なくもなります。ずいぶん強がった言い方で、心の折れ具合が、逆に気にかかるというものです。すべてを相手のせいにして、無反省なやつだと思うなかれ。

一九六〇年代といえば、日本でもフォーク・ソングのブームがありましたが、もちろんこれはアメリカの影響です。とはいえ、日本のフォーク・ソングはアメリカのそれと異なり、ほとんどが恋の歌というわけで、とうてい「民謡」とはいえないものです。むしろ、商業主義に組み込まれたものと言ってよいでしょう。恋が歌と密接なのはわかりますが、生活の歌がなければフォークとは言えない。先に挙げた下地勇の場合は、むしろ例外なのです。

ところで、アメリカのフォーク・ソングが入る前に日本人が愛唱したのは、実はロシア民謡です。ロシアの存在は、明治以降、日本に最も深く入り込んだ文学がロシア文学であったことを考えるだけでも、日本にとってきわめて重要なのですが、そのことが今日忘れられているのはまことに遺憾です。ひとえにこれは戦後の日米関係の反映であり、それについて無批判なメディアのせいであると言えるでしょう。

そのロシアの民謡と言われる歌には、恋以外の話題が多く盛り込まれています。たとえば、ロシア人なら誰でも知っているという「鶴」（Журавли）という歌は、作詞者が広島の原爆記念館を訪れ、千羽鶴の折り紙を見たことがきっかけでつくられた、戦死者を悼む歌です。死んだ若い兵士たちはそらを飛ぶ鶴になっているのだ、という歌です。

面白いことに、この歌は韓国のテレビドラマ「砂時計」の主題曲になり、国境を越えて人を感動させるその憂愁深いメロディーとともに、一部の日本人にも知られているものです。民謡というと、単純な歌詞の歌ばかりのように思われがちですが、ボブ・ディランの歌といい、この「鶴」といい、文学的な香りの高いものがあることは間違いありません。参考までに、その冒頭を引いておきましょう。

Мне кажется порою, что солдаты
С кровавых не пришедшие полей,
Не в землю нашу полегли когда-то,
А превратились в белых журавлей.
Они до сей поры с времен тех дальних
Летят и подают нам голоса.

Не потому ль так часто и печально
Мы замолкаем глядя в небеса?
時として私にはこんな風に思える
血に染まった野から戻らなかった兵士たちは
決して私たちの大地に横たわっているのではなく
白い鶴たちに生まれ変わったのだと。
その鶴たちは、あの遠い時からここまで飛んできて、
私たちに声を届けてくれる。
だからこそ、私たちはしばしば、悲しげに
空に眼を向けて黙っているのではないのか?

たいへん悲痛な歌ですが、これがロシア人の心の表現であるとすると、いったいどんな歌が、敗戦した日本人の心の歌となって人々に歌われてきているのか、そこが気になります。その答えは、ボブ・ディランがいうように、「風に吹かれている」(blowin' in the wind) のでしょうか。

第二章　物語は生のメタファー

1　神話はうそか？

これまで歌という文学の原点が人間の自然に根ざすものであり、これを大事にすることで人間は自身の自然を守ることができるということを言ってきたつもりです。人間は本来自然の一部ですので、この自然をこわしてしまえば自身も存続できなくなるわけで、歌は人間にとって必要なものであると言いたかったのです。これからは、文学のもう一つの部門である物語に話をしぼります。おそらく、物語は歌とおなじくらい古くからあるもので、人が人として生きるのに社会というものがなくてはならない以上、その社会のなかで物語が果たしてきた役割は非常に大きいと思われます。その物語の必要性を、さまざまな角度から述べていきます。

なお、物語と言っても、そこには近代の小説も含みます。ところが、この近代の小説には、それまでの物語にはない新たな性質があるのです。そこで、この新たな性質について、ぜひとも触れなくてはならないと思います。本章の最後のほうは、そうしたことにページを費やすつもりです。

物語といえば、昔話、おとぎ話などを思い浮かべる人が多いでしょう。そうした民間伝承的な物語のほかにも、たとえば旧約聖書やギリシャ神話のように、世界の成り立ちを説明する物語がありとあります。そのような神話物語も、もとは民間伝承だったのかもしれませんが、それらが集積された結果、一定の体系をなすに至ったのです。その背景には、民族意識、共同体意識といったものがあったのでしょう。

ギリシャ神話を例にとると、はじめにカオスという神があって、カオスとは巨大な隙間のことであったが、そこへ胸の広いガイア、すなわち大地の神が現れ、そこから今度はポントスという海の神が現れた、というふうにはじまります。この神話に登場する神々は、それぞれ一定の事物を表し、世界を構成する基本的な要素となっています。彼らの織りなす物語が、そのまま世界のさまざまな現象の説明になっているのです。このような空想的物語を、いったいどうして彼ら古代ギリシャ人は必要としたのでしょう。

のちのギリシャ人は、「哲学」すなわち自然を科学することに目覚め、こうした神話物語を捨て去っていきます。しかし、完全に神話を去ったのでしょうか。なんとなれば、自然哲学の父と言われ、世界は全て「水」を起源とすると公言したターレス（Thales）でさえ、「世界は神々に満ちている」と言っているからです。もしかすると、世界の神話的理解と哲学および自然科学とは、見かけほど隔たっていないのかもしれない。両者に違いがあるとすれば、それは物語の語り口、メタファー使用の有無、そういったところかもしれません。

それにしても、人間という生き物は、どうやらありのままの事実だけでは満足できないようです。日本でも『古事記』の神話を見ますと、天の神が地上に降りて大和の国をつくったということになっていますが、実際には、侵略があったり、移動があったり、最終的に支配者が登場して国がつくられたということだったでしょう。それなのに、そうした事実ではあきたらずに、というか、そうした事実では不都合なので、「荒唐無稽」な神話をつくりあげ、それを有難がってきたのです。人間は、どうあっても事実の世界には満足できない、あるいは事実を受け入れることが苦手な生き物のようです。

英語では神話のことを"myth"と言いますが、その語源はギリシャ語の「ミュトス」(mythos)です。この言葉の意味は「つくり話」「物語」といったものですが、英語に"mythomania"(＝虚言症)という語があるように、「嘘」という意味も含まれています。つまり、「作り話」と「嘘」は非常に近いのです。

このミュトス(＝つくり話)ですが、文学的に価値があることを認めた最初の人は、おそらく古代ギリシャの哲人アリストテレス(Aristotle)でしょう。その彼は、『詩学』(Poetica)において、ミュトスという語に文学作品の「筋書き」(plot)という意味を与えているのです。すなわち、彼にとって詩人とはミュトス(＝物語)をつくるのが上手な人のことで、詩人は個別的な事実を記した歴史家よりも人々の心を動かすだけでなく、実際あった出来事の普遍的な意味を考えさせてくれる点ですぐれていると言っているのです。文学好きの人にとってはありがたい言葉ですが、果たしてほんとうにそうかどうか。

というのも、「つくり話」と「嘘」の差はあまりにも小さいのです。「事実」を最高基準とするならば、「つくり話」は「嘘」にほかならず、「つくり話」が上手な人は、上手な「うそつき」にほかなりません。その悪い例が詐欺師であり、詐欺師は「つくり話」が上手であればあるほど成功するのです。彼らもまた物語作家であるにちがいない。

では、ひとを騙さない「つくり話」ならば、これは結構なものなのか。これも危ない話のように思います。「つくり話」が事実の報告以上に私たちを喜ばせ、ときには事実以上の「真実」を伝えることだってあることは、アリストテレスの言をまたずとも言えることでしょう。けれども、すこし間違えばこれはたいへんなことにもなりかねません。

たとえば、毎日のように私たちはイスラム国のテロに関するニュースを見聞きしますが、なかなか実感がわきません。加害者に対してはもちろん、被害者に対しても共感する余地が見つかりにくいのです。ニュースはあくまでもニュースで、自分の外部にありつづける。ところが、こうしたテロ事件をテーマにテレビドラマがあるとします。実際、そうしたドラマがイスラエルで放映されているとも聞きますし、アメリカでも「ホーム・ランド」(Homeland) というドラマがあります。そうしたドラマを見ていると、そこにはフィクション、すなわち「嘘」があるとわかっていても、それまでは自分の外部にあった出来事が自分の内部に入ってくるのです。すなわち、ドラマに出てくるアメリカＣＩＡの諜報員の思い、アラブ諸国の政治的思惑、イスラエルの思惑、テロリストたちの心情などが、見ている人の心に食い込んでくるのです。まさに、「ミュトス」の効果であり、この効果がいつでも必ずよい方向に見る人を導くとはかぎらないのです。

そういうわけで、「つくり話」は危険です。とくに、人がそれを「事実」だと信じこむとき、その危険は大きくなります。重要なのは「事実」と「真実」の区別をつけることである、そう人は言うでしょうけれども、これは簡単ではない。文学的真実は事実ではないと言う人もいるけれども、事実と真実の区別はそれほど容易とはかぎらない。私たちは、いまさらに自分たちが無数の物語にかこまれており、そのなかでかろうじて自らの物語をはぐくもうとしていることに気づきます。

2　物語は生命保存の武器？

先にも掲げた疑問、いったいどういう理由でひとは「つくり話」をしないではいられないのか。どうして事実に満足できず、嘘話をつくらないではいられないのか。これについて考えてみましょう。

これについては色々な説があるようですが、ここでは「人間精神の発達がもたらす危険から人間を守るため」という説をとりあげます。二〇世紀フランスの哲学者、アンリ・ベルクソン（Henri Bergson）がそうした説を唱えています。

想像力というあいまいな、しかも人工的な形で仕切られたもののなかに、作り話能力

(fonction fabulatrice) とでも呼びたい明確な一機能がある。それがどんなときに役立つのかをいま見てみよう。この作り話能力がなければ、小説もドラマも神話も、それに先立つ伝承の類も生まれなかった。とはいえ、小説家やドラマ作家というものはどんな時代でもいたわけではないのに、宗教のない時代というものはないから、小説や詩歌は作り話能力が人間に備わっているという条件下で、いわば余剰として生まれたものと考えられ、宗教こそがこの能力の存在理由であると言うべきである。つまり、この能力があったがために宗教が生まれたのではなく、宗教があればこそ、この能力が必要となった。個人においてもそうであったろうが、とくに社会においては、この能力が要求されたにちがいないのである。

では、どうしてそんな能力が人間に必要なのかといえば、答えは、作り話が効果的なのはどういうときかを見ればわかるだろう。そう、作り話は幻覚のように人を魅了するとき、最も大きな効力を発揮するのである。そのような場合、作り話は理性も判断力も奪う。すなわち、理知の力を奪う。おそらく、自然は我々のような理知の力を持つ生物を生み出しただけでなく、知性がもたらす危険といったものをも察知し、知性を損なうことなく、その力を一定限度にとどめておこうとしているのであろう。世の中を観察すると、最も合理的な精神でも事実の前でいとも簡単に崩れてしまうのをよく見かける。事実に勝てるものはないのだ。知性というものが危険な坂を下ろうとしているとき、個人にとっても社会にとってもそれが危険な方向へ一歩踏み出そうとしているとき、それを止めることができるのは、一見本当らしい作り話なのであり、それは事実のお化けとでもいうべきものなのだ。それは事実そのものではなく、実際に経験できない類の話であるけれども、事実にかわる力を持ち得る。つまり、作り話は、そのイメージが生き生きとしていることで人の心を惹きつける力があるのだ。実際の感覚にそっくりのものを生み出せるし、行動を修正したり、変更したりする力をも持ち得る。

（『道徳と宗教の二源泉』）

ここでベルクソンが言っているのは、人間には生来「つくり話能力」というものが備わっていて、それが文学のもとにもなっているけれども、その恩恵を最も受けているのは宗教だということです。つまり、宗教を「つくり話」だと言っているわけで、一見すると宗教批判にもとれますが、彼の真意はそこにはありません。そもそも、「つくり話」を否定しているわけでもないのです。

彼が言いたいのは、人間は、自分の理知の発達のせいで自分を危険な状況に追いこみがちである。そのことを本能は察知し、急遽「つくり話」をこしらえて、それを自分に信じこませることによって、自らを危険から救うものなのだ、ということです。つまり、「つくり話能力」は、人間の異常に発達した知性から自らを守る手段だ、というわけです。

似たような説は、ノーベル物理学賞に輝くリチャード・ファインマン（Richard Feynman）の自伝的ユーモア・エッセー『ご冗談でしょう、ファインマンさん』にも出てきます。彼がまだＭＩ

Tの学生だったころの話で、そのエピソードのタイトルは「逃げの名人」となっています。その話によると、あるとき彼は哲学の授業で「意識の流れ」についての話を聞き、さっそく寮に戻って早寝をし、自分の意識が眠りに落ちるときにどうなるか、夢の中ではなにが起こるのかを克明にとらえようとしたというのです。彼はそれを何日も繰り返したのだそうです。そして、そこから得たものは「意識」の本体に関するいくつかの理解で、そのうちのある部分は、私から見ると、今日の脳科学者が同意しそうなものとなっています。

問題は、ファインマンが意識の探求に深入りしていったある日、妙な夢を見たことです。自分が真鍮の棒を枕にして寝ていることに気づくという夢で、そのとき彼は真鍮のことが視覚領域を占領しているからそうした夢を見ているのだと、これも夢の中で推察したのだそうです。ところが、実際に目ざめてみると、枕は真鍮であるどころか、普通の柔らかい枕でした。そこで彼は、次のように結論するのです。「おそらく、僕の頭が睡眠中の観察に疲れてきて、これを注意する良い口実を作り出した」のだろうと。以降、彼はもう「意識」問題には深入りしないことに決め、普通に寝るようになったとのことです。

この話、先のベルクソンの説明とよく似ているというのも、ファインマンもまた、人間は自身の知性の力が自身の命を危険にさらすような状況になると、適当な「つくり話」をこしらえて、それが事実であるかのように自分を信じこませ、それによって危険から身をまもるのだと考えているのです。二人の説を要約すると、人間には「つくり話」を生み出す能力があるだけではなく、それを積極的に信じ込む能力もある。これによって、人間は生命のバランスを保つことができているということになります。

こうした「つくり話」必然説を文学にまで拡大してみるならば、文学は人の生命を保つために生まれたものであるということになります。果たして、ほんとうにそうなのか。どうもそうは思えないというのも、自らつくった架空の話を信じ込んでしまったあまり、自殺をしてしまう人だっているからです。私には、必ずしも「つくり話」が私たちを救うとはかぎらないように思えるのです。

では、物語がつくり出されるのはどうしてか。思うに、最初は個人の命をたすける目的でできあがったのかもしれないが、それが「物語」として認められ、力を発揮するには、社会あるいは共同体の存在が必要だということです。社会や共同体は、それが共有する物語によって自らを保ってきているのではないでしょうか。単に、個体の生命保存のために文学が生まれたということは考えにくく、むしろ、社会や共同体の存続のために文学が生まれた、そう考えるほうがよいと思います。

上記のベルクソンの説も、これを個人から社会に拡大したら納得がいきやすくなるのではないでしょうか。そもそも、ベルクソン自身、上記の話を神話の成り立ち、すなわち「閉じた社会」の神話の成り立ちの根拠としているのです。すなわち、人間は知性が極度に発達すると、それが社会や共同体の秩序をゆるがしかねない。そこで、これを抑止するための物語、すなわち社会で共有される「つくり話」が必要となった、というのです。なるほど、そう考えると、とくに神話物語など、そうした社会強化の役割を果たしていることがわかります。神話は、共同体の自己保存のためのものなのです。

ベルクソンに話を戻しますが、彼は人間の持つ自己救済機能としての「つくり話能力」の面白い例を挙げています。それは実際にあった話で、ある婦人があるときホテルのエレベーターを待っていて、エレベーターのドアが開いたので、乗ろうとした瞬間、エレベーター係の人が彼女を押し返したというのです。ところが、婦人がどこをさがしても、もはやその人は見つからない。そのまま乗っていたら死んでいたかもしれないのに、とあとでぞっとしたのですが、ともかく命の恩人は見つからなかったのです。

婦人はのちに、それが自分の命を助けるための錯覚だったと気づいたそうです。ベルクソンはこの話を、婦人の本能が「つくり話」をとっさに作り、それが彼女の命を救ったのだと解釈しています。人間には自分の命を救うために「話」をとっさにつくり出す能力がある、というわけです。

3　物語は脳に備わっている

近頃になって急速な発展をとげている脳科学の成果には、文学、とくに物語づくりについて考えるとき役に立つものがあります。たとえば、デヴィッド・ルビン（David Rubin）とダニエル・グリンバーグ（Daniel Greenberg）は「記憶」における「物語づくり」の役割を研究し、人間の記憶は物語によって成り立っており、物語とは雑多な経験を整理し、それを記憶しやすい形にしたものだと言っています。記憶というのは人間精神の核ですから、物語は人間の中枢に位置することになり、物語制作の生物学的必然性が裏づけられることになります。人間は経験を物語化しなくては、それを記憶できないのでしょう。歴史の学習で丸暗記ということを言いますが、それは人間の本性に逆行する、無意味な努力ということになります。

ルビンとグリンバーグは「物語論理の構築力」ということにも言及して、次のように言っています。

人間は個々ばらばらの文を集め、それらを一定の構造に当てはめ、ひとつの物語を作る能力を持っている。私たちはこれを「物語論理の構築力」（narrative reasoning）と呼びます。（…）この能力によって、人間は動いている物体をまるで人間のように目的意識をもって行動しているもののように捉え、それがひき起こす一連の行動を、一定の終着点があるひとつの物語にするのです。しかも、その物語は言葉になって表現される必要はなく、絵画とか漫画とか無声映画とか、あるいはパントマイムといった形でも表現できます。表現されることで、その能力は「検証」可能となるのです。

では、どうやってそれを検証するのか？（…）出来上がった物語を思い出したときに、筋がとおっているかどうかというのがまず検証基準となります。また同じ文化を共有している他の人たちの物語を理解するのと同じように、この物語も理解できるかというのも検証基準です。物語の核である登場人物の行動の動機づけと目的に無理がないか、物語の根底にある情念は表現されているか、比喩とか皮肉とかの文字通りでない表現の使用がうまくいっているかというのも、いずれも検証基準なのです。

（The role of Narrative in Recollection, 2003）

つまり、人間は動くものを擬人化してとらえ、その動きを物語に仕立てあげているのだというのです。また、ひとたび物語ができあがると、それをさまざまな手段で表現するものであるとも言ったうえで、そこで表現された物語は、いくつもの基準によってテスト（＝検証）され得るとも言っているのです。彼らが挙げているテスト基準は、そのまま私たちが物語や小説、あるいは漫画や映画の評価に当てはめることのできるもので、これは便利だ、使ってみようと思う人は私だけではないでしょう。私たちの脳は、知らずに物語をつくるだけではなく、その物語が物語として成り立っているかどうかをチェックする機能をも備えているのです。
肝心の「物語論理の構築力」ですが、前述の二人はそれが人間に生まれつきそなわっていると考えており、その根拠を以下のことから説明しています。

物語論理の構築力というものは、少なくとも脳科学的に検証できる範囲においてですが、この働きを阻止することは非常に難しいということがわかっています。脳のさまざまな部分に損傷があっても、この能力がはたらかなくなるということはほとんどないのです。

すなわち、どんなに脳が損傷していても、この「物語論理」の構築力ばかりは不落城というわけです。逆にいえば、この能力がないと、人間は生き延びられないということで、失語症の患者においても、この能力ばかりは機能しつづけているのだそうです。記憶喪失者であっても、新たに記憶される出来事の物語化には必ず論理が伴っている。ですから、筋のとおらない物語など、人間はつくってもすぐに自分でそのおかしさに気づいてしまうのです。

よく「でっちあげ」ということを言いますが、事実と照合してその「嘘」を見つけ出さなくても、話の前後に食いちがいが見つかれば、それが「でっちあげ」であるとわかるのです。映画やドラマが嘘っぽいと感じられるとき、たいていはそのシナリオに「物語論理」が欠けている。みなさんもこのことをしっかり記憶して、小説を読むなり、映画を見るなりしてください。

ところで、ルビンとグリンバーグは、物質レベルでの「物語論理の構築力」の所在はまだ見つかっていないと言っています。しかし、それでも人間が物語の論理構築にたけていて、またその論理を信じ、その論理にのっとって行動する生き物であることは確かだとも言っています。要は、話のなかに事実に反したことがらが含まれているかではなく、話の筋道がとおっているかどうかです。どうやら人間は、歴史家であるよりは、生来の物語作者であるようです。

とはいえ、ここでいう「物語」(narrative)と、ベルクソンが言っている「つくり話」(fable)とは異なります。さらに、文学でいう「物語」(story)とこれとも、やはりちがいがあると言わざるを得ません。ルビンやグリンバーグが言っている物語は、人間が世界を把握するときに必然的に生み出す物語であって、すなわち人間の世界認識、およびその記憶に密接するものです。一方、ベルクソンやファイマンが考えた物語は、現実の物語とは異なる「嘘」の物語、すなわちフィクションであって、これによって自らの命を危険から救おうとするものなのです。では、文学としての物語はどうかというと、以上の物語とは異なった次元にあると言わざるを得ません。ですから、これらすべての物語をひとくくりにしないほうがいいのであって、同じ物語でも、いくつかの段階を設置する必要があり、たとえ脳が生み出す認識レベルでの物語が最終的には文学としての物語につながるにせよ、何でもかんでも「物語」にしてしまうことには注意が必要でしょう。

4　人間の認知活動はすでに文学

今度は、脳科学ならぬ、「認知科学」(cognitive science) からみた「物語」に話を移します。正直言って、この「科学」が科学なのか、私にはわかりません。しかし、それを否定するほどの自信もないので、一応これを「科学」としておきます。この新しい「科学」もまた、人間において文学がその思考の中核をなすものととらえています。そこでいう文学とは、先述の「物語構築」のことです。

現代の「認知科学者」のひとりマーク・ターナー (Mark Turner) は、『文学的な心』(*The Literary Mind*) という本において以下のことを言っています。すなわち、人間の認知活動はそのままで物語づくりとなっており、すなわちこれは文学にほかならないから、人間精神ははじめから文学的なのだ、と。

人間は、物事を見、聞いた瞬間に、すでに物語を作っているというターナーのこの主張は、先に見たルビンとグリンバーグの主張と重なります。ターナーは脳科学を経ずに同じような結論に達したのです。また、彼が言う次のことも、ルビンとグリンバーグの論に似ています。すなわち、人間がつくり上げる物語には必ず主人公があり、その主人公は往々にして「動くもの」(animate) であるというのです。

ルビンとグリンバーグは「人間は動いている物体をまるで人間のように目的意識をもって行動しているもののように捉え、それがひき起こす一連の行動を、一定の終着点があるひとつの物語にする」と言っていました。どうやら人間は、動いているものが目に入ると、そこに自分自身を無意識に見出し、まるで自分が何かしているかのように思って、自分の物語を外物の物語に投影するのです。ターナーの行き着いたところを引用します。

物語というものは、思考の基本的な道具である。物事をきちんと考えるには、物語が必要なのだ。（…）つまり、人間の認知活動には文学的能力が必要不可欠だということだ。だからこそ、人間の心はもともと文学的なのだと言いたい。

これがターナーの結論です。では、どのようにして、彼はこのような結論に達したのか。以下は、それについてのターナー自身の説明です。

最も基本的な物語は、「行動の物語」（action story）であるが、これを人間は「出来事の物語」（event story）へと転換するのである。この転換は投影と言い換えてもよい。（…）こうして行動の主が、出来事の物語の主人公になり替るのである。

すなわち、人間は自分自身の「行動」の物語を、そのまま外界の出来事の物語に当てはめているというわけです。

これについては、私自身が考えた例がぴたりと当てはまるので、それを紹介します。「電車が走る」という表現です。「電車」はほんとうに「走る」のでしょうか。「電車」は機械であり、生物ではありません。したがって、人や馬のように「走る」ことはないはずです。しかし、私たちは電車が動いているのを見ると、自然に「走る」という言葉を使います。ターナーが言うように、「動くもの」を主人公にした「出来事の物語」を、自分たち生き物の「走る」という「行動の物語」をもとにつくりあげているのです。

別の言い方をすれば、私たちは「電車が走る」というふうに、無生物である機械を生命体としてとらえ、一種の擬人化を無意識に行っているということです。このような擬人化は「メタファー」にほかならず、ターナー式にいえば、私たちは「文学」をしているのです。

それはアニミズムじゃないのか、そのように言う人がいるでしょう。そのとおりです。ターナーは、アニミズムこそが文学であると考え、人間はすべてアニミストだと言っているのです。ウォルト・ディズニー（Walt Disney）の記録映画「砂漠は生きている」（The Living Desert, 1953）はアニミズム全開の映画ですが、これが子どもたちを引きつけたのも、子どもたちが大人よりも自らのアニミズムを抑圧していないからです。私たちは、それと知らずに万物に霊魂を吹きこんでいるのです。霊魂とはアニマ（anima）、アニマとは「たましい」とも訳せるけれども、「動くもの」という意味でもあります。動画のことをアニメーション（animation）というではありませんか。

さて、ターナーは私たちがつくり出す物語には一定の構造があるとも言っています。その構造はイメージでできており、私たちが認識している自身の行動についての図式構造（image-schematic structure）を、そのまま外界に移しかえているというのです。この移しかえを「投影」（projection）と彼は言い、そのような「投影」の連鎖が私たちの世界になっていると言います。そういうわけで、私たちの認識は最初から主観的であり、自分の身体行動を基準にしてすべてを認識していることになるのです。

無論、そうしてできた私たち個々の世界は、そのままでは通用しません。他人の世界とすり合わせて、共同の認識とならなくてはなりません。しかし、そうであってもなお、その認識が根本において主観的であることにかわりはありません。私たちが社会で共有する「現実」なるものは、共同の主観の産物なのです。社会が共有する物語とは、そうした共同主観の表現です。

ターナーは人間の思考そのものが「文学」的であり、人間はすべて文学者なのだと主張しつづけます。では、なぜ彼はそれほどまでに「文学的」ということにこだわるのでしょう。私に言わせれば、それは世間の常識が「科学」と「文学」を対立させてきたからです。これは現代社会の大問題のひとつで、私たちは近い将来においてこの二大世界の対立、すなわち文学と科学の対立を乗り越える手立てを見つけねばなりません。

ターナー式に言えば、「科学」といえども「文学」です。「文学」こそは「科学」の生みの母なのです。「科学」といえども、自然界という外的世界を人間の基礎的な認識パターンを投影することでしか把握していない、その点で「文学」を出ていない、そうターナーは言いたいのです。無論、科学者と文学者は同じ言語は使わない。しかし、自分の行動の世界を外界に「投影」して「物語」をつくっているという点では同じだ、というのです。

こうしたターナーの考えに対して、科学者は反論するでしょうか。なるほどターナーのいうように、出発点だけを見れば科学も文学も同じかもしれない。しかし、科学が発見する「法則」なるものは、これを実験で証明しなくては信じることのできないものであるのに、文学が主張する「真実」なるものはなんら検証できるものではないではないか、と。

これについて、文学者なら以下のように反論するでしょう。文学が目ざすのは必ずしも「真実」ではなく、むしろ「美」であり、「美的感動」なのであるが、「美的感動」は客観的検証には不向きなのものであり、それでよいのだ、と。

科学者はこれに対して、こう言うでしょう。「科学」にも「美的感動」はあるのだ、と。

こうした議論はきりなくつづきそうです。どちらに軍配があがるだろうか。しかし、そんなことより、両者のあいだの溝を少しでも埋めることのほうが重要でしょう。そのための第一歩は、「科学」の基礎に物語づくりがあるということを科学者自身が認めることだと思います。

五　物語とは世界のメタファー

物語の出発点にある神話は、世界の現象を神々の物語という形で擬人化したものです。擬人化とはものを人に例えるのですから、メタファー（隠喩）の一種です。メタファーは、文学上の表現手法以上のものとは見なされてきませんでしたが、最近、否、半世紀ほど前から、人間の思考の基本的な方式として考えられるようになりました。先述のターナーの主張にも、それが現れています。

物語とは、ターナーによれば、人間の認知活動の基本をなすものであり、認知とは、彼によれば、人間が自身の身体活動のメタファーとして世界を物語化することです。実は、このような見方は、他の分野でも唱えられているもので、たとえば脳科学者ジェラルド・エデルマン（Gerald Edelman）もそんなことを言っています。そこで今度は、脳科学の方からメタファーについて見てみましょう。

エデルマンによると、人間の原初の思考は「メタファー」によるもので、そこではまだ言語は介入していません。すなわち、人間の脳は、言語習得以前にすでに思考しており、この思考が発達しなければ、いくら言語を習得してもその後の思考は発達しないというのです。

では、言語習得以前の思考とは具体的にはどういうものかといえば、エデルマンはこれを「メタファー思考」と呼び、物事と物事のイメージの関連性を追求し、世界全体をひとつのシステムとして把握しようとするパターン化のことだと言っています。この点についての、彼自身の言葉を引きましょう。

論理（logic）よりもっと力があるのは選別（selection）だと結論できよう。自然にして身体的な選別行為こそが言語を生み出し、メタファーを生み出したのである。事物をパターン化してとらえ、メタファーを使って考えるときに、論理はいらない、選別行為こそが必要である。思考というものは、だから、我々の身体行為と身体構造が環境にはたらきかけ、環境がこれに応えることによって生み出されるのであり、そうであればこそ、この思考力には一定の限界もつきまとうのである。しかしながら、この思考のパターン認識が論理的な手段で言説の正しいことを証明する力をはるかに超えるものであることは、間違いのないことなのだ。

（*A Universe of Consciousness*, 2000）

ここで彼が強調しているのは、メタファー思考が論理思考にまさるものだということで、多くの人が言語を習得してから発達する「論理思考」を重視する今日、彼としては声を大にして、メタファー思考の重要性を強調しているのです。メタファーは文学のいのちに相当しますから、エデルマンのこの発言は、文学的な思考が人間の出発点にあるだけでなく、これをしっかり育てなければ論理思考も十全には育たないということなのです。

文化人類学者のクロード・レヴィ＝ストロース（Claude Lévi-Strauss）もまた同じような発言をしています。彼はメタファー思考を人類の基礎的思考ととらえているのです。もしかすると、エデルマンはレヴィ＝ストロースの著書を読んでいたのではないかと思えるほど、二人の説は接近しています。

レヴィ＝ストロース著『野生の思考』（*La pensée sauvage*）はいわゆる「未開人」の思考を扱ったもので、豊富な実例と綿密な分析にもとづいて「メタファー思考」のなんたるかを説明しています。「野生の思考」とは人間の原初の思考という意味ですから、エデルマンが脳科学から迫った思考に、レヴィ＝ストロースはいわゆる「未開人」の思考を介して接近したわけです。

しかし、その前に言っておかねばならないのは、レヴィ＝ストロースにとって「未開人」とは人類の基礎を示す存在であって、どのような人間もそこから出発し、そこに戻らなくてはならない存在だということです。言い換えれば、「未開人」はどのような人間の根底にも生きつづけているもので、そのことを私たちは忘れてはならないのです。彼が言うには、「未開人」の思考は「メタファー思考」であり、ここが先のエデルマンの説と重なります。

では、レヴィ＝ストロースが「未開人」に見つけた「メタファー思考」とは、具体的にはどういったものか。非常に簡略化すれば、それは天上の世界にあるあらゆるものを関連づけたあと、今度はその相互関連をそのまま地上の事物の相互関連へと当てはめ、さらに同じ相互関連を、社会組織に当てはめ、人間相互の関連図式をつくり上げる思考だということになります。ひとたびそういう関連図式の総体が出来あがれば、人は天上の世界と地上の世界、社会と自然環境、個人と社会、それらすべてを互いに互いを照らし合うものと見ることができる。そうなると、世界のすべてが互いが互いのメタファー（＝喩え）になって見えてくる…。一見すると驚くべき複雑なシステム思考に見えますが、このような総合的思考こそが人類を人類たらしめている、とレヴィ＝ストロースは言うのです。

人類が自分を取りかこむ環境を長い時間をかけて観察し、それを構成している多様な事物を分類し、相互に関連づけ、さらに自分たちの社会生活にも個人生活にもそれらを結びつけようとしたそのプロセスを、レヴィ＝ストロースは「野生の思考」といい、その本質をメタファー思考と規定します。そこではたらくメタファーは、自分たちは自然界のメタファーであり、自然界は自分たちのメタファーであると認識する、相互的メタファーなのです。

このような「メタファー思考」は、「アナロジー思考」すなわち「相似思考」と言い換えてもよいでしょう。天上の世界の分類図式をそのまま地上の世界に移し替え、さらにまたそれを人体や社会組織にまで応用するからです。なるほど、そう考えると、象形文字しかなかった古代エジプトにしても、縄文字しかなかった南米大陸の旧文明にしても、おどろくほど幾何学的な建造物や地上絵を生み出していることが納得できます。もし人類が初めから幾何学的なヴィジョンを持っていなかったなら、そうした建造物や絵画は決して出来なかったのではないでしょうか。

ところで、メタファーといえば、普通、「あの人には花がある」という時の「花」がメタファーです。ここでの「花」は植物の花ではなく、「華やかさ」「魅力」といったものを意味します。花が咲くと、美しい。そのような美が人のなかに感じられる時、植物の世界から人間の世界へとその美を移して、すなわちメタファーをつかって「あの人には花がある」と言うのです。そこには植物の世界と人間の世界を「相似形」として見る発想が、たしかにはたらいています。むろん、私たちのメタファー思考は、「未開人」ほどには総合的でなく、きわめて断片的です。しかし、その思考は文学作品の中だけでなく、日常生活においても息づいていることが上記の例でわかるのです。

おそらく、人類の文化には、メタファー思考が日常のすみずみに脈々と生き残っている文化と、文学や芸術などにそれがかろうじて生き残っている文化と、その二種があるのだと思います。レヴィ=ストロースの研究した「未開社会」はそうした思考が最も完全に近い形で残されている社会であり、その思考が芸術や文学にしか見られない社会がいわゆる「文明」社会ということになるでしょう。どちらの社会が人間らしいか。それは、みなさんで考えてみてください。

ところで、レヴィ=ストロースが人類のメタファー思考の典型例として示しているものに、「トーテム制度」(le système totémique) があります。この制度は、「未開人」が自分たちの部族集団を互いに区別するために、動物などを象徴記号として用いている制度で、たとえば集団Aと集団Bを区別するのに、前者にはウサギという記号を、後者にはカメという記号を割り振るものです。

現代社会においては、そうした制度はもはや見られないと思われますが、たとえばプロ野球のチームについては、似たような仕方での記号的差別化がなされています。「タイガース」「イーグルス」というふうに、動物の名を区別のための記号に使っているのです。

また、日本では幼稚園のクラス分けに植物名が用いられることがよくあります。1組、2組といった数字的区別の代わりに、「さくら組」「かえで組」などというのです。これによって、園児たちは自分たちの集団と他の集団との区別をはっきりさせるとともに、自分たちと自然の草花との親近感をつちかうのです。レヴィ＝ストロースのいう「トーテム制度」は、こうしてみると案外根強く残っているようです。

トーテム制度というと、動物崇拝のことだと思っている人もいるようなので、この制度の意味をレヴィ＝ストロースにならっておさえておきましょう。「野生の思考」から引きます。

トーテム制度の起源を説明する神話は、世界中あちこち異なった形で存在しているが、形は違っても、どれも同じ内容を含んでいる。すなわち、それらの神話においては、人間集団と動植物種の二系列における各項が互いに対応しているのではなく、二系列全体が互いに対応していることがひとつ、その二系列の関係が相互にとってのメタファーになっているということがもうひとつである。

あまりにも抽象的な言い方なので、なにを言っているのかわかりにくいと思います。話を単純化して説明します。

「人間集団と動植物種の二系列における各項が互いに対応しているのではなく、二系列全体が互いに対応している」の意味ですが、トーテム制度と言われているものは、人間集団と動物種とを対応させる制度であり、すなわち、人間集団を表すのに動物種を借り、動物種を表すのに人間集団を借りる制度を言います。たとえば、プロ野球のチームは複数の人間集団ですが、これを表すのに複数の動物種を借りてきて、「タイガース」「イーグルス」「ホークス」などと言うのが、それに相当します。

また、「二系列における各項が互いに対応しているのではなく、二系列全体が互いに対応している」ですが、これはどういうことかというと、人間集団のなかの一項、すなわちある集団が、ある動物種に対応しているからといって、その関係は絶対的ではなく、相対的なものだということです。重要なのは、人間集団と動物種との二系列全体が互いにメタファーとなっているということであって、ある集団が「虎」と結びついているからといって、その集団が「虎」に対して特別な感情をもつということにはならないし、「虎」もまたその集団に特別な恩恵をほどこすわけでもないということなのです。

言い換えれば、「虎」「鷲」「鷹」という系列が、チームA、チームB、チームCの系列のメタファーなのであって、個々の動物種が個々のチームのメタファーになっているわけではないということです。要は、「虎」と「鷲」と「鷹」が異なる種であるように、3チームそれぞれも集団として互いに異なっているということであり、つまり、「異なること」のメタファーとして両系列が互いを表現しているのです。阪神タイガースのファンだからといって、動物園のトラを特別重視するには至らないでしょう。野球における「虎」と、動物園のトラは共通点はあるが、同じ文脈にはない別物なのです。

以上、少し長くなりましたが、メタファー思考について考察し、これが人間精神の基礎にあり、あらゆる思考の源泉となっていることを、認知科学、脳科学および人類学の成果をもちいて確認しました。物語とは本質的にメタファーであり、それが文学において核となっているということがわかれば、「文学は必要か?」という問いに対する答えはもはや明白となるでしょう。

6　文学力育成こそ最優先すべき

人間が本来持っている物語構築力、そして歌を歌い上げることで感情を表現する能力、これをあわせて「文学力」と呼ぶことにします。この能力は、すでに見たように生まれつき備わっているもので、生命の根本に根ざしていると考えられます。では、この能力は放置しておいてもいいものなのか、それともこれを大事に育てる必要があるのか。そこを問題にしたいと思います。

結論から言えば、文学力はこれを育成しなければ退化し、死滅していくものです。これが十分育成されないで、論理的な言語構築力が発達すると、非常につり合いのとれない人間になってしまうし、人間の生命の発達を阻害するとも思われます。こうした事態は防がねばなりません。「文学力」は、育てなければならないのです。

私たちは自分で何か出来事を語ることができるまでに、たくさんの物語をすでに耳にしています。幼児期に親から聞かされた昔話や童話などが、その大部分かも知れません。最近では、それにかわってアニメが物語を伝える媒体となっています。それらが、知らず知らずに私たちの出来事を語る能力、物語構築能力を育てているのです。

これは教育といえるでしょうか。ある意味ではそうですが、そうならば、大人は子どもの教育に直接介入しなくてもよいことになります。しかし、そうでないなら、子どもには好きなようにさせておけばよいという考え方は認められません。私の考えでは、子どもには文学教育が必要であり、そこには大人の関与が必要です。小さいときから、美しい言葉で語られた美しい物語を耳にする必要があると思うのです。しかも、一度ではなく、何度も。

ロシアの民話研究家ウラディミール・プロップ（Владимир Пропп）によれば、民話には一定数のパターンがあり、そのパターンにそって登場人物や舞台背景、筋の細部などを入れ替えることで多くの民話が成り立っているのだそうです（『昔話の形態学』）。そうであるならば、小さいときから何度も昔話を聞いているうちに、子どもは自然に話のパターンを吸収し、それを用いて今度は自分が物語をつくることができるようになるはずです。たくさんの文を聞いているうちに、知らずに文法構造が身について、それをつかって自分でも文をつくることができるようになるのと同じプロセスです。

つまり、ひとつの物語を生み出すにも、多数の先行する物語が記憶のなかに蓄積されている必要があるということです。人類は生来メタファーを用いて考え、現実世界を物語化してとらえているものだと先に述べましたが、そのような物語化がたとえ自然にできるにしても、それを言葉にして、他者も共有できるような形にするには、やはり先行の物語の学習が必要であり、物語る技術というものをみがく必要があるのです。誰しも「内なる音楽」を持っている。それはそうだけれども、やはり訓練しなくては楽器ひとつ満足に演奏できない。同じことが、物語についても言えるのです。

では、どのような物語を学習するのがよいのか。美しい物語、と先に述べましたが、わかりやすく、覚えやすく、筋のとおった、しかも倫理性のある短い物語がよいにちがいありません。そうした物語を、最初から最後まで全部覚えてしまえるのが大事だと思います。少し複雑な筋書きの物語であれば、それを簡単に要約できるようにする訓練も必要でしょう。そうした訓練を積むことで、自分に起こっている出来事をいくつもの物語につくりあげることができるようになるのです。

もしそういうことができるようになれば、自分の世界が、自分にとって目新しいものとして立ち上がってくるでしょう。なるほどそうだったのか、とあらためて過去の出来事についても納得できるでしょう。またそれは、他の人に共有できるものとして、周囲の人々に記憶されもするのです。つまり、「文学力」とは、自分自身の世界をスッキリさせるとともに、自分と人とをつなぐ媒体となるものなのです。

脳科学から見たメタファー思考の話をしたときに、エデルマンが次のように言っていたのを思い出してください。彼は、人間の脳は言語を覚える前からすでに思考をしており、その思考はメタファーによると言っていたのです。一方、認知科学者のターナーは、このエデルマン同様、人間の認識活動はそのまま文学活動であり、それは人間が言語を覚える前からすでにはじまっているると言っています。こうした専門家の言葉を、もう少し真剣にとらえてみるべきではないでしょうか。

言語以前の文学？　なんとなく、言葉に矛盾があるようにも思えますが、ここでは「文学」をメタファー思考と置き換えてもいいでしょう。ターナーもエデルマンも、異なった角度から同じことを言っているのです。

問題は、そうした言語以前の思考である文学が、言語を習得した段階でどうなるかということです。ジャン＝ジャック・ルソーは人間の言語はもともと感情表現を主にした歌だったと述べ、歌が消え、通常の言語が支配的になることを「堕落」と見ています。私は、人間はもともと歌と通常言語を併用していたと思っており、必ずしもルソーの意見とは一致しませんが、それでも、共同生活をつづけるうちに、（飢餓状態とか戦争とか）さまざまなことが起こり、次第次第に通常言語、すなわち情報伝達機能を目的とする言語が、感情表現を目的とする歌を狭い範囲に追い込んでいったと考える点ではルソーに同意します。人間は、次第次第に「歌を忘れたカナリア」になっていったのにちがいありません。

しかし、そうなれば、言語以前の思考が踏みつけられ、忘れ去られる危険も当然ながら出てきます。論理が歌に、またメタファーに勝るという事態が起こり、もともと人間の全思考をささえていた思考が不当に抑圧されるようになるのです。そうなれば、生物としての「情動」（emotion）が人間的感情（feeling）へと昇華するプロセスにもヒビが入ります。つまり、言語の発達は、文明の飛躍的発展をもたらす反面で、人間の生命を脅かすものともなっていくのです。

そこで、文学の存在意義です。私は、上記のような危機的状況にかんがみ、文学、すなわち私たちが文化的にはぐくんできた文学というものが、危機へのひとつの抵抗としてはたらき得ると思うのです。つまり、文学が情報的・論理的言語への抵抗となり得る、と考えるのです。どうしてそう考えるのかといえば、文学もまた言語で成り立っているからです。ただし、この言語は、通常の言語とちがって言語以前の思考、すなわちメタファー思考を駆使する言語であるところに特徴がある。だからこそ、文学の言語はメタファー思考を守るのに役立ち得るのです。

つまり、いわゆる「文学」は、人間に生命のバランスを回復する手段として現れたのだと思います。そのように考えればこそ、文学の学習および教育が必要不可欠ということにもなるのです。「文学」はみなさんが思っている以上に重要なものである。そう考える根拠は、すでに述べたことで十分であろうと思います。

7　おそろしさをもつ物語

物語は人間精神の均衡回復につながるものであり、これをしっかり育成することが重要だと述べてきましたが、そこには悪い点、気をつけなくてはならない点もあるということを今度は言っておきたいと思います。

どのような欠点も長所と表裏一体のものでしょうが、物語の欠点はメタファー言語を用いることによって、人々にいわゆる「実感」というものを湧き上がらせ、想像力をかき立て、感情を高ぶらせるところにあります。この力は思っている以上に大きく、人はこの力につられて予想外の方向にも行ってしまうものなのです。たとえば、物語は社会の結束を強化するのに役立ちますが、その強化の方向がいつでも正しいとはかぎりません。ときには、非常に悪い方向に社会を引っぱっていってしまうこともあるのです。

わかりやすい例をあげれば、物語が大衆扇動の手段となる場合がそれです。戦争中の日本にはそうした物語が数多く生み出され、国から奨励されもし、国民を戦闘へと駆り立てもしたものです。国家にとっては便利な道具であったかもしれないが、戦争に行きたくもない人が、命を落とすために、人を殺すために、戦場に駆り出される。この戦闘へ駆り立てる力が、物語にあったということです。

無論、国の命令だから従わざるを得なかった。それはそうですが、国にすれば、国民にいやいやではなく、進んで従ってほしいものなのです。そこで「お国のため」の小説や映画を奨励し、また新聞記事などをつうじて戦争を賛美し、国家のために命をささげる人々を英雄視する物語を国のすみずみに浸透させたのです。物語は人々の生命を守るためにあるという考え方は、たしかに一面の真実をついてはいますけれども、社会や国家を強化するために役立つ物語となると、個々の人びとの命を犠牲にさせる方向にもはたらくことがあるので、十分に気をつけなくてはなりません。

扇動性が文学に求められる時節に、それに反応しない物語、あるいはそれに逆らう物語というものも、もちろん存在します。たとえば、反戦文学がそうですが、そうでなくとも、戦争などに無関心を示す文学も、国家権力はいやがるものです。たとえば、文豪と呼ばれていた谷崎潤一郎の「細雪」の雑誌連載は、これが戦争状況に無関心な作品であるとして、何度か妨害されています。それというのも、この作品には、あからさまな戦争批判はなくとも、国民の戦意をそこなう力があるからで、物語の力があなどれないことを示しているのです。

また、文学といえば感情表現がつきもので、これは歌だけでなく、物語でもそうなのですが、これが否定的感情の表現である場合には問題となります。たとえば、差別的な感情の表現が含まれる作品がそれで、ナチズムのドイツでは、反ユダヤ主義的な感情表現がおおいにもてはやされ、それをつめこんだ作品が高く評価されたのです。一方、これに対抗する文学は、徹底的に弾圧されました。政治は文学のもつ力を利用し、これを国家統制の武器とすることがある。作家というものは、ですから、そうした状況を考えて書かねばならないのであって、いわゆる文学者の政治責任とはそういうものだということを、ここではっきり言っておきたいと思います。

このような文学の問題を、文学それ自体の問題ではなく、悪い政治に利用されるかどうかの問題だと考える人もいます。私はこれには必ずしも同意ができず、もともと文学は神話として共同体の財産となっており、共同体の団結強化に役立ってきたのだから、近代になってその共同体が国家という巨大組織にとってかわられたとき、今度は国家の統一のために役立つよう要請されて当然だったと思うのです。文学にはもともと共同体・社会の確立を助けるはたらきがある。そうであるならば、その負の力というものをも作家は自覚しておかなければならない。でないと、いつなんどき、人々を害するものを生み出さないともかぎらないのです。

以上のことは、神話とイデオロギーという問題とからみます。たとえば、『アイヌ神謡』に見られる神話は、これを人間と自然の関係についての神話として理解することができ、そこになんら政治的なメッセージを読みとることはできません。しかし、『古事記』の神話となると、全体として見れば天皇家の起源神話であると見ることができ、それは政治的なメッセージをもつものなのです。神話学者の大林太良が言ったように、『古事記』の神話は朝鮮の王権神話と同じで、世界の起源をほとんど語らず共同体の起源のみを語り、最終的には天皇の起源を語るものです。このような神話は、部分的には素朴な原始的文学の魅力はあるにせよ、一定の政治的目的をもった政治神話、すなわちイデオロギーと言うことができるのです。アイヌの神話と同列に扱うことはできません。

ところで、これにちなんで「神話破壊」という言葉があります。「偶像破壊」と一対をなすものと言えるでしょう。この「破壊」は一八世紀の西欧、啓蒙主義によって実行されました。啓蒙主義にもいろいろありますが、たとえばフランスのヴォルテール（Voltaire）はキリスト教を唯一絶対の立場から引きずり落とし、これを世界の数ある宗教のうちの一つとし、「寛容の精神」を打ち出したことで知られています。つまり、彼は絶対的と思われていたものを相対化したのです。こうした相対化は、まさに「神話破壊」にちがいない。神話とは、それを信じている人には絶対的なものであり、他とは比べられないものだからです。

啓蒙主義の神話破壊がのちの時代に及ぼした影響は大きく、私たちの今日の世界の基礎的な価値観はそこから生まれていると言っても言い過ぎではありません。すなわち、憲法でうたわれている信教の自由だとか、言論の自由だとかは、啓蒙主義の神話破壊から生まれているのです。ある神話を絶対的に信じてしまえば、他の神話を認められなくなる。民主的かつ自由主義的な世の中ではそうした態度は認められず、互いに異なった神話が共存せねばならないのです。

しかしながら、人間が生きているかぎりにおいて神話をつくることはやめられません。人間の生にとって神話はつねに必要だし、ついてまわるものなのです。私たちはいくらこれを破壊しようとしても、結局は無駄でしょう。むしろ、どうせなら、自らがつくった神話を相対的に見る努力、それをすべきであって、神話を全面否定すべきではないでしょう。自らの神話を認め、なおかつ他の者の神話をも認め、複数の神話の共存を認めるような神話への対し方。これが必要とされるのです。

言い換えれば、神話をもつことは自然だけれども、それについて自己批判能力を失わない努力が必要だということです。そんなのでは神話にならないと言われるかもしれませんが、現代世界で生きのこれる神話は、そうした自己批判を経てなお生きのこれるような神話であるにちがいありません。ひいきの野球チームはファンにとっては神話ですが、そのチームが常勝ではないとなれば、神話は神話でありつつ、自己批判にさらされていることになるのです。それは、神話そのものを否定することとはちがうでしょう。

ところで、近代という時代は、啓蒙主義が行き過ぎた時代とも言えます。得てして近代人は、神話が人間の生存の根本にかかわるものであるにもかかわらず、これを否定することで、人間の生の根源をも否定してしまいがちです。重要なのは、神話を「理性」の力で否定することではなく、神話に自己批評能力を持たせることです。ちなみに、私はこの考え方を、第二次大戦が終わるころ近代文明の問題点を啓蒙の動きのなかに見出した、マックス・ホルクハイマー（Max

Horkheimer）とテオドール・アドルノ（Theodor Adorno）の『啓蒙の弁証法』（*Dialektik der Aufklärung*）から得ています。

自己批判能力を備えた神話など、自己矛盾ではないだろうか。おっしゃるとおりです。しかし、そうした矛盾をかかえた神話こそは、他のいかなる神話よりも生きのびる力があるのです。たとえば、古代中国の孔子は『論語』において「祭如在、祭神如神在」（祖霊を祭るには祖霊が在するが如く、神を祭るには神が在するが如く）と言っています。祖霊を祭るのであれば、その祖霊がそこにいるかのように祭れ、神を祭るのであれば、その神がそこにいるかのように祭れ、というのです。

この言葉は、二つのことを意味します。ひとつは、祭るという行為は神聖なものであるから、そこに祭る対象が実在しているという気持ちをこめて行う必要があるという意味。もうひとつは、祭るという行為は、そこに祭る対象がいるかいないかは重要ではなく、誠心誠意祭ること自体が大切なのだ、という意味です。どちらにしても、祭礼の対象が不在であるという認識は確実で、ここに孔子の立場が明確に見られます。啓蒙主義というのは一八世紀ヨーロッパの独占物のようですが、理性の発達するところ、どこにでもあります。古代中国にもそれがあったということで、その欠点を乗り越えるために、孔子は「かのように」を打ち出したのです。理性の判断では不在であっても、その不在を在であるかのように敬虔な態度で接する。これを失ってはいけないということなのです。ドイツでは、新カント派のハンス・ファイヒンガー（Hans Vaihinger）が

『かのようにの哲学』（*Die philosophie des Als Ob*）において、似たような立場を主張しています。

さて、どうして孔子の話をここで出したのかというと、神話は自己批評力を備えることで時代を超えられるということを示したかったからです。仮にも紀元前五世紀から今日まで孔子の思想が生きつづけ、彼の思想を核とした神話が生きつづけているとすれば、それはその神話が「かのように」という啓蒙主義を経ることで、自己批判能力を持つようになっているからです。神話というものは、それを信じる人に美しい夢を与えるものですが、たとえそれが理性の力で批判されても生きのびられるならば、その美しさが別の光沢を帯びるはずです。

第三章　文学は古傷をいやす

1　個人物語の誕生

これまで私は、古代から現代までのちがいも問題にせず、物語について論じてきました。言ってみれば、「永遠の物語」を念頭に置いてきたのです。しかし、ここからは、「近代」と呼ばれる特殊な時代における物語の役割について話そうと思います。というのも、近代において社会のあり方が大きく変わり、それに応じて、新たな物語の形が求められるようになったからです。その新たな形とは、個人史という物語です。それまでの物語は、それをつくる人の個人的な歴史を直接に反映するものではありませんでしたが、近代になると、人は自分のことを語る必要が出てきたのです。

この変化は、日本文学を例にとればよくわかります。日本の近代文学には、それ以前になかったタイプの物語、すなわち、作家自身の生を語る「私小説」というものが現れたのです。今日でもこの種の小説が日本ではなかなかに盛んであり、それに応じる読者もかなりあります。では、いったいどうして、近代になるとそのような物語が生まれ、文学の常道にまでなってしまったのか。面白おかしく奇想天外な小説では、不十分だったのでしょうか。

ひとつには、近代は科学の時代で、うそっぽい話はもう流行らなくなったということがあります。話は「リアル」(＝現実的)でないといけない、そういう考え方が強くなったと思われます。

そうなると、作家が自分の生の真実を正直に「告白」する道がひらけます。「私小説」隆盛の背景には、それがあったと思います。

しかし、それだけではありません。思うに、近代という時代は人間社会の根本的な構造を変えてしまったのであり、それによって、文学の性質も変わらざるを得なかったのです。日本に「私小説」のような個人史の物語が出てきたのも、そうした社会変化のせいだと思います。では、その変化とはどういうものであったか。

簡単に言えば、それまでの社会では誰しもが生まれた時からその社会における自身の地位を与えられており、それを当たり前のこととして受けとめ、自身の社会における位置づけなど考える必要がないほどに安定した構造を持っていたのですが、近代になって、そうした構造がくつがえされて、人々は社会の定める安定した地位を失い、そのかわりに自分で好きなように地位を獲得したらいいということになったのです。この変化によって、個人は社会から解放されて自由になったようでいて、自分で自分の人生を決めなくてはならなくなるという、今までにない苦労を背負うことになりました。個人が個人としての意識に目覚め、そこからすべてを考え直す必要が出て来たそのことが、個人史物語の発達をうながしたのだと思われます。

たしかに、個人史物語は、それを生み出す人にとって、個人として己を確立しようとするのに役立つでしょう。日本人の場合、最初はヨーロッパ文学における「告白」物語に目をひらかされ、それに追随しただけだったかもしれませんが、自分もまた「告白」をしてみて、自分という存在がより鮮明になり、自他の区別が明確になり、近代という不安定このうえない時代を生きていくにあたってある種の勇気を得たのだろうと思われます。「私小説」が日本近代文学の常道となった、否、王道となったというのも、真剣に自己を掘り下げ、それを正直に言葉にしなくては自分というものを確立できないと作家たちが感じたからにほかならない。だからこそ、ものを書いて商売をするといった発想を度外視してまで、彼らは血のにじむ努力をしたのです。

では、そうした個人史の物語を、文学者でない人はどう見ているでしょう。個人史を語るなど自己満足のすさびにすぎないと思う人は、多いのではないでしょうか。ところが、実は、幼児からの心の発達を研究する発達心理学では、こうした個人史の語りがきわめて重視されています。個人史を語ることは、人格形成におおいに役立つというのです。

たとえば、現代の発達心理学者のひとり、キャサリン・ネルソン（Kathrine Nelson）は、幼児が自己と他者の意識、そして時間の経過の意識に目覚めるには、自分に起こっている出来事を言葉で物語ることが大事であると言っています（Narrative and Emergence of a Consciousness of Self）。自分に起こる出来事を言葉で物語るとは、まさに個人史を語ることにほかならず、個人史物語は自己を確立し、同時に自己を他者との関係で位置づけ、社会環境のなかでの自分というものに目覚める契機となるというのです。

ネルソンにかぎらず、発達心理学の世界では、自己というものを最初から存在しているものとは見ていません。むしろ成長とともに、次第に形成されていくものと見ているのです。そういう立場からすると、個人史物語とは、すでに存在する個人についての物語ではなく、それが語られることによって個人が形成されていくような物語、ということになります。なるほどそう考えると、日本の「私小説」なるものも、「私」という自明の存在についての語りではなく、むしろ「私」と呼ばれるものを物語の展開を通じてつくりあげていく語りである、と理解できるのです。いきなりの近代化で宙に舞い、気も動顚していた日本人が、自分とは何かを求めるだけではなく、自分というものを確固たる存在として生み出そうとした結果として「私小説」を生み出した、というべきなのでしょう。

しかし、「私小説」がそういうものであるとしても、果たしてそれでこのジャンルは物語としての機能を十分に果たしたといえるのでしょうか。というのも、個人史物語を語る各人が己の存在を生み出す努力をし、それなりに自己形成をしたことは認めるとしても、果たしてそれが新しい社会を形成するのに役立ったかどうかは疑わしいからです。

発達心理学者のなかには、幼児の自己物語で重要なことは、それが仲間に聞いてもらえ、共感してもらったり、反感を買ったりするといった、相互の情的交流があることだと言っている人もいます（たとえば、ヴァレリー・ハードキャッスル）。そういう専門家に従うならば、今日ブログやツイッターなどで世界に発信される個人史物語は、言って見れば、無言で顔の見えない不特定多数への「垂れ流し」以上のものではないのであって、これでは新しい社会の構築にはならないのではないかと思われるのです。「私小説」にかぎらず、さまざまなメディアを通じての自己告白やそれに対する共鳴や反発の表出は、ほんとうに新しいコミュニケーションを構築しているのかどうか。なんでも語ればそれでいい、とは到底いかないと思うのです。

思うに、私たちにとって必要なのは、自己表出ではなく、自己と他者がともに立つことのできる共通の場をつくることではないでしょうか。コミュニケーション（communication）とは、本来「共通化」ということであり、この「共通化」の意識が欠落した自己中心的な表出は、単に自己満足に終わるだけではなく、社会にとってマイナス効果を生むこともあろうと思うのです。個人史物語は、やはり社会的使命というものを忘れてはいけないし、またそうでないと、文学の有用性も認知されなくなってしまうと思われます。告白物語の作者、すなわち私たちひとりひとりは、自分たちの言説が持つ社会的意味というものを考えるべきでしょう。

2　精神分析と文学

近代において、個人史物語が非常に重要であること、とくに精神を病んでいる人には重要であること、これを懸命に主張したのは精神分析の祖ジークムント・フロイト（Sigmund Freud）です。以下、フロイトの個人史物語についての見解を見ながら、個人史物語のもつ可能性というものを考えてみたいと思います。

しかしその前に、「なぜ精神分析なのか?」という疑問に答えておくべきでしょう。精神分析が言語の世界だから、というのが一応の理由です。精神分析とは、精神の病の治療法のひとつではありますが、他の治療法と大きく異なり、全面的に言語に依存するものです。薬物や作業を用いないこの方法は、言語にのみよるという点で文学と共通項をもつのです。

精神分析の治療は、患者が自らの体験を言葉にしていくことに終始します。分析者は患者の語ることをていねいに聞いて、ときどき質問をし、患者の話がまとまった物語になっていくよう助けるのです。すなわち、一人の人間の、内面の物語を再構築する作業を助けるというわけです。

人間の内面はさまざまな出来事の断片がまぜこぜになっており、それらがなかなかひとつの物語にならないのが普通です。しかし、内面の物語が出来上がらず、断片ばかりがごちゃごちゃ散在しつづけると、精神全体がうまくはたらかなくなり、まとまった人格が構築できなくなるのです。そこで精神分析が登場する。分析者は患者の語る物語の断片を集め、患者にそれらを逆提示し、患者自身がそれらを一貫した物語へと作り上げていく。そうすることで、患者は初めて自分の人生の意味を悟り、生きる意味を見出すのです。

では、どのような物語でもいいから、作りあげさえすればよいのか。否、その物語が内的整合性をもつこと、そして、現実との整合性を持つことが必要です。現実から遊離した物語や、一貫性のない物語は、精神の病をかえって重くする可能性があります。現実とは、周囲の環境が形成する物語であり、人はそこから遊離して生きることはできないのです。分析者は患者のつくり出す物語を上記の観点、すなわち内的整合性と外部世界との整合性から修正するよう患者にうながさなくてはなりません。

一般に、精神分析はノイローゼ治療の方法と言われています。しかしそれ以上に、個人の自己理解を深め、統一された人格形成へと導くものと言ったほうがいいように思います。宗教ではないけれども、人間の内面を強化するものにちがいありません。

精神病の治療法としての精神分析については、これを不十分であるとか、不便であるとかいった批判がなされています。そもそも精神分析の理論に問題がある、と見ている精神科医もいます。そのような批判には確かに妥当な部分があるでしょうが、自分という人間をしっかりとらえなおしたい、しっかりさせたいと願っている人には、精神分析はいまなお有効な手段ではないかと思います。誰しも心の奥に吹きだまっているものがあるはずで、それを取り除きたい、すっきりさせたいはずです。そういう人たちにとって、精神分析はこれからも有用でありつづけるでしょう。

さて、ここでのテーマは、文学、すなわち個人史の物語と精神分析の関係です。文学作品が精神分析と似たような効果を上げている例があるとすれば、そのような作品を考えながら、文学と精神分析の接点を見ていきたいのです。いうまでもなく、文学は精神病の治療法ではなく、おのずとその目的は異なるのですが、精神分析のないところにも文学、すなわち歌や物語があったことを考えると、一定の社会では文学が精神分析にかかわる役割を果たしてきたのではないかとも思われます。物語は人の心を癒す力があるのではないか。そのような仮定が頭をよぎるのです。

むろん、どんな物語にもそういう力があるとは思いません。しかし、昔から語られてきた物語のなかには、そうした力を持つものがあるはずだし、だからこそ、人間はそうした物語を、時を経て受け継いできたとも考えられるのです。とはいえ、ここで問題にする物語は、近代特有の個人史物語です。フロイトが精神分析において行ったような、自己の心の奥底を掘り下げて真の自己に目覚めるプロセスを体験させてくれる、そういう物語のことをいま考えています。

精神分析と個人史物語を考えるにあたって最初に私が思いつく作品は、テレビ・ドラマの「マッド・メン」（Mad Men）です。個人史の物語を土台にし、近代における自己確立の格闘を描いている作品です。テレビ・ドラマも文学なのか、と疑問に思う人もいるかもしれませんが、言葉の世界を中心にしているかぎりにおいて、物語をもつかぎりにおいて、これもまた文学と考えてよいと思います。同じことは、漫画にも言えることです。

むろん、ドラマは言葉以外の方法でも感情表現や思想表現をしているので、純粋に文学とは言えない面があります。しかし、西洋文学で最も名高いシェイクスピアの作品も、舞台で上演されるのが目的で書かれた戯曲です。シェイクスピアの作品を文学の最高峰に数えるのが常識であるならば、テレビ・ドラマを文学でないとは誰にも言えますまい。

どうして、「マッド・メン」なのか。テーマが精神分析的だから、というのがその答えです。一九六〇年代のニューヨーク・マディソン街を舞台にしたこのドラマには、大手広告会社の社員たちが登場するのですが、彼らの一見華やかな生活は、豊かでおおらかな当時のアメリカの明るさを反映している反面、人間世界の崩壊という暗い影を宿しています。

タイトルが「マッド・メン」、すなわち「狂った人々」であるのも、アメリカの経済発展、世界における巨大な地位の獲得の裏に、人々が狂気に巻き込まれていく様が描かれているからです。それなら歴史ドラマ、あるいは社会史ドラマかというと、やはりそうではない。ドラマの核になっているのは、主人公の奥底にある心の傷なのであり、主人公がそれを隠して生きているその姿に作品は焦点を合わせているのです。ドラマはそういう主人公の心の迷いをていねいに追って、徐々に問題の核心に近づいていく。その意味で、この作品は精神分析的な「成長の物語」(novel of education) となっているのです。

むろん、このドラマは個人史の物語であるとは言ってもフィクションであり、実録物ではありません。また、「私小説」のように、作者が自分の人生を告白しているわけでもありません。しかし、主題はひとりの人間の個人史をもとに展開されており、その人の内面の歴史が語られています。そういうわけで、これはやはり近代に特有の個人史物語と言えるのです。

3　マザコンとカタルシス

精神分析で重要なのは、患者の心の奥に隠された傷です。これをトラウマ（trauma）と言います。その傷に少しずつ迫り、その傷のもとになっている過去の物語の記憶を徐々によみがえらせていくことに成功すれば、患者はその傷から癒されるのです。先に挙げたドラマ「マッド・メン」の主人公は、実は心の奥底にトラウマを持ち、それを隠蔽して生きています。それを隠蔽する目的で自らのアイデンティティーを否定し、別人になりすまして生きることも辞さない人間なのです。そのような人間に治癒はあるのか。それがこの作品のテーマです。

主人公はドン・ドレイーパーという中年男性です。大手広告代理店のクリエイティブ・ディレクターで、広告作りのアイデア・マンとして周囲から高く評価されています。高給取りで、郊外の一軒家に妻のベティと二人の子と住み、一見して幸せな生活を営んでいます。ところが、彼には人に言えない暗い過去があります。母親が娼婦であると聞かされて育ち、実の母に会ったことがないのです。娼婦の子として冷遇され、なにかと差別を受けて育った彼は、そういう忌まわしい運命が嫌でたまらず、ついに朝鮮戦争に参加した際、どさくさにまぎれて戦死した上官に成りすまして帰国します。以降、彼はその上官になりすましたまま新しい人生を生きるのです。

つまり、自身の一切の過去を捨て、別人になりすまして生きることを選択した男の物語、それが「マッド・メン」です。仕事では成功しても、心の底にはストレスがたまりつづけるのは当然で、それを解消するのに「酒と女」に依存します。家族持ちであるにもかかわらず、不倫を重ねるのです。

ドラマはそういう主人公が少しずつ自身の過去の記憶を拾い上げていき、自分の人生の真実と向き合い、それを受け入れるようになっていく過程を描いていきます。まさに、そうであるがゆえに、精神分析的と言い得るのです。精神分析ではカタルシス（catharsis）を重視します。カタルシスとは精神の浄化作用のことです。患者は自らの心の古傷について、その断片的な語りを徐々に吐き出すことによって、少しずつ長年の重荷から解放されていく。そして、時として、心の浄化を感じます。

「カタルシス」という言葉はギリシャ語で「吐き出すことで気持ちよくなる」といった意味をもつようです。これを演劇論に応用したのが古代ギリシャの哲人アリストテレスで、彼はその『詩学』において、悲劇というものが観客の心にたまっている思いを浄化する働きがある、すなわちカタルシスをもたらすものだと述べています。ドラマによる精神の浄化作用、これが演劇のカタルシス。「マッド・メン」の主人公の精神ドラマは、主人公が忌まわしい過去と向き合い、そこから少しずつ解放されていく過程を描くことで、観る者にカタルシスを与えてもいるのです。

それにしても、「マッド・メン」の主人公は、どうして不倫を重ねるのでしょうか。一見すると幸福な家庭生活を営んでいるはずなのに、どうしてなのでしょう。自身の生を偽ることで多大なストレスをかかえている彼は、現実をひとときでも忘れるために、不倫を繰り返すのでしょうが、そうした不倫はむろん快楽を求めてのものではなく、関係する女性に少しでも自分の秘密を知ってもらいたいという密かな願望によるものと解釈すべきでしょう。母親が娼婦であったということが強迫観念となっている彼は、女性に「娼婦」を求めるとともに、「母親」をも求めてしまう。とはいえ、彼の正体を知った女性は、たいてい彼の意気地のなさにあきれて遠ざかります。幸福は、なかなか彼に近づきません。

妻のベティには自身の出生の秘密を言えないのでしょうか。彼女とは成りすましのままで結婚したので、いまさら言えないのです。しかし、ついに隠していた過去の写真などが彼女に見つかってしまい、秘密を白状せざるを得ない時が来ます。真実を知った彼女は、一応それを受け入れはするものの、考えれば考えるほど今まで自分は騙されてきたのだと悔しくなり、彼を許せなくなります。そういうわけで、ついには離婚に至ります。

こうした物語から何を学ぶべきなのでしょうか。アメリカという国の成り立ちを知っている人なら、このドラマはアメリカ人の心の問題を描いているのだと言うかもしれません。アメリカ人はすべて外国からの移住者で、多かれ少なかれ自分たちの過去を葬り去って新天地で一旗揚げようとしてきた。だから、主人公はアメリカ人を代表しているのだ、と。

こうした見方からすると、どこの馬の骨か知れない、自分の社会ではうまくやっていけなかった人間が移住してつくった国がアメリカということになり、「マッド・メン」はそういうアメリカという国を描くことで、アメリカ人に自身の正体を直視せよと訴えている作品ということになります。ゼロから出発して、人は金持ちになり、政治家になり、歌手になり、スポーツ選手になる。また、落ちこぼれも多い。そういうアメリカの真実を描いたのがこのドラマ、ということになるのです。

文学的、あるいは哲学的にこの作品をとらえるなら、この作品はアイデンティティーの問題を扱っているということになります。すなわち、自分の真のアイデンティティーを隠して別のアイデンティティーに成りすまして生きようとする主人公の苦悩をとおして、自身をいつわっても運命から解放されることはないというメッセージを伝えている、と見るのです。この解釈は納得のいくものですが、必ずしも精神分析的ではありません。では、精神分析的な読みとは、一体、どういうものか。

精神分析家なら、まず主人公のエディプス・コンプレックス（Oedipus Complex）を指摘するでしょう。「マザコン」のねぢれです。主人公の記憶には母親は存在しません。しかし、子供の頃から自分の母は娼婦であると聞かされています。そういう彼が、会ったこともない母親に対して抱くのは、一種の恨みであるにちがいありません。自分を愛してくれたはずの母親にいだく本来の感情が、ねぢれてしまっているのです。女性はすべて娼婦だと思いがちな彼。それでも、母親の愛を求めるという矛盾。少しでも心を許せる女性に出会うと、つい自身の出生の秘密を告白し、そういう自分を受け入れてもらえるかどうか試したくなるのです。精神分析家は、こうした主人公の一連の行動をエディプス・コンプレックスの未解決というふうに理解するでしょう。

精神分析家がこのドラマに見出すもうひとつの点は、「過去の記憶」の重要性ではないでしょうか。主人公は過去を全否定していますが、それでもときどき過去のイメージがよみがえり、そのたびに彼は自分の真実に触れたかのように立ち止まるのです。このような立ち止まりは、すぐさまカタルシスをもたらすわけではないけれども、主人公が自分の真実と直面する準備とはなり得ます。精神分析では、過去の傷を思い出し、その思い出に現在の立場から意味づけをすることが重要だと考えられていますが、そうした契機がこのドラマにも現れています。

たしかに、主人公の人生は嘘にまみれています。しかし、そうであっても、彼はなんとかして出口を探し出そうとし、少しでも自身の暗い過去を人に語りたいと願うのです。また、ときとして忌まわしい過去の記憶がよみがえり、自分を見つめ直す瞬間もあります。そうした瞬間を経験することで、彼の精神は少しずつ過去の忌まわしい運命から解放されていくのです。

先ほどから彼の不倫に言及してきましたが、妻以外の女性との肉体関係は主人公にとって心を開くきっかけとなるようであり、それは娼婦との関係とは異なる、母親との関係とも異なる、新たな人生の扉ともなり得るようです。

ところで、主人公が性的な関係をきっかけに自らの心をひらくのは、精神分析の場においてて「転移」(transference)と呼ばるものと関係します。「転移」とは、患者と分析者のあいだに生まれる一種の恋愛感情と言えるもので、人は恋をするとおのずから心が開かれるということを示しています。それまで閉ざされていたものが「恋」によって開かれる。精神分析はこのことを何よりも重視しています。

フロイトは、人間のあらゆる活動は性欲をもとに展開していると説いたことで知られています。これは言い過ぎだと多くの人が批判してきましたが、彼が力説したのは私に言わせれば「性欲」ではなく、「恋情」です。「恋情」を重視したのはロマン主義の始祖ルソー、日本なら本居宣長ですが、フロイトも「恋情」こそが生であると認識したのです。精神分析においては、患者が分析者を恋することが必須だ、そう彼は考えた。恋のないところに分析はあり得ない、というわけです。

4 「エス」に帰れ！

フロイトは、「私というものは、それがあったところに現れねばならない」（Wo Es war, soll Ich werden）と言ったそうです。彼が言う「それ」（Es）とは、人間の根源といった意味でしょう。「イド」というラテン語に置き換えられたりもしますが、これを英語に訳せば、非人称の'It'に相当します。すなわち、"It rains"（雨が降る）の'It'です。

フロイトはこのあいまいな語が人間の混沌とした始原状態に相当すると思ったようです。私はよく人間を火山にたとえますが、フロイトの「それ」(Es)は地下のマグマに相当します。したがって、"Wo Es war, soll Ich werden"は「私たちの心の奥の奥には、いつ爆発するともしれないマグマがうごめいている、そこに自分自身を置かねばならない」、そう警告している言葉と受けとれます。

このように言うフロイトは、人間の「私」(Ich)は、その本来の場所にはなかなか現れ出ないものだと痛感していたようです。そこが人間の大きな問題だと思っていたのでしょう。大半の人間の「私」は本来あるべき場所から遠ざかっている。それゆえ、私たちは幸福になれない。そう考えていたのです。

では、どうして「私」はその本来の場所にいないのか。本来の場所がマグマ、すなわち欲望のうず巻きであるとすると、それを「私」の居場所としてしまえば、人間は社会の中で生きていけなくなるからです。社会というものは誰にでも居場所を与えるわけではなく、社会の掟に従う人にしか居場所を与えない。ところが、人間の本来の姿が欲望のうずまきだとすれば、社会に馴らされている人間はそうした本来の姿を否定せざるを得ないのです。しかし、それをつづけていけば、自分にそうした根源があったことすら人間は忘れてしまう。そうなれば、完全に疎外された存在となってしまうのです。

つまり、人間は社会生活によって病に落ちる生き物だということです。しかも、社会生活なくては人間になれないのですから、これは大きなジレンマです。そのジレンマが人間の存在条件であるとフロイトは見たのです。彼にとって、人類はその社会生活ゆえに精神を病む動物でした。

このような悲観的な人間観をもつフロイトでしたが、では、どうすればそうした病から癒やされ得るのか。そこで登場するのが彼の発明した精神分析です。少しずつ、少しずつ、「私」の上に集積したゴミやホコリ、すなわち社会が持ち込んだ「いつわりの物語」をとり除き、それらが凝り固まって石のように硬くなっている部分を削りとって本来の「それ」(Es)が垣間見えるところまでもって行こうというのです。そんなやっかいな作業はしたくないというのが大半の人の反応でしょうけれども、それを拒否しつづけると、人は次第次第に狂気に冒されていく、と彼は見ていたのです。

裏を返せば、人は誰でもが狂人になり得るということです。それほどに、私たちの自我はもろいのです。人間はそれぞれ無意識の欲望をもちながら生きているけれども、さまざまな社会的制約のなかでその欲望を抑圧して生きざるを得ない。では、社会にたてついて、犯罪を犯してでも欲望を充足させればよいのかといえば、そんなことをすれば、元も子もなくなる。となれば、重要なのは、社会の許す範囲において、この抑圧をとり除く努力をすること、少しでも自我を解放することではないだろうか。むろん、それすらできない場合がほとんどですが、その状態がつづけば、いつかマグマが地表に噴出し、自我の爆発から崩壊へという過程が露呈する。そのように、彼は考えたのです。

そのような悲観的な考え方の背景には、もちろん彼の生きた時代状況があります。二つの世界大戦がヨーロッパで起こり、ユダヤ人であった彼はナチス＝ドイツが台頭し、実際に身の危険を感じてもいたのです。アジアでも、日本とその周辺国のあいだに、またアメリカとのあいだに戦争があったことを思い出してください。さらにまた、今日のテロリズムを見てください。彼の暗い人間観は決して的外れではなかったとわかるでしょう。人間は、その本来の姿と、社会の中で生きる自分とのあいだに連絡通路をつくっておかなければ大変なことになるのです。

テレビ・ドラマ「マッド・メン」に話を戻します。このドラマの作者マシュー・ワイナー（Mathew Weiner）は、どう見てもフロイト式に人間を見ているようです。だからこそ、タイトルが「狂った人々」（Mad Men）となるのです。登場する人物たちは、いずれもがどこか狂っている。主人公の場合はその狂気が極端な形で現れており、自身の存在そのものを否定して、他者になりすまして生きている。そういう人間が狂人にならないほうが、かえっておかしいでしょう。

しかしながら、ここもフロイトに似て、「マッド・メン」の作者は、人間はあるきっかけでそういう生き方ではダメだと気づき、本来の姿に戻ろうとするものだという見方を示しています。不倫を続けていても前進がなかった男が、あるきっかけによって、今まで無意識のなかに押しとどめられていたものが急に外に浮き上がってくるのを見とどけるのです。そのきっかけは、たまたま仕事で知り合ったユダヤ人女性との出会いでした。その女性はニューヨークの有名デパートの経営者の娘でしたが、主人公はこの女性と出会うことで、人生の新たな段階の前ぶれを感じるのです。

新たな段階とはなにか。「人間は自身の過去の記憶を大切にすべきだ」という思想への目覚めとでも言っておきましょう。「自身の過去の記憶を大切にする」とは、自身の「本来の姿」に戻ることへの通路を意味します。フロイトのいう「それ」（Es）に立ち還ることに、しまいにはつながるのです。

「マッド・メン」の主人公は、あるときそのユダヤ女性と一緒にフォーク・カフェに行きます。世界的に有名になったジョーン・バエズやボブ・ディランが活躍しはじめていた時代で、フォーク・ソングの生演奏を聴きながら飲み物を口にするのです。まだ駆け出しのフォーク・シンガーたちの歌を聴くのですが、そのなかにユダヤ系の歌手がいて、「バビロンの流れのほとり」（By the River of Babylon）という歌を歌います。その歌を聴いているうちに、主人公はユダヤ人という存在がアメリカに渡ってきたあとも自分たちの過去の記憶を大切にしていることに気づくのです。

バビロンといえば、ユダヤ人が古代バビロニア王国で捕囚の身となった過去の記憶です。紀元前六世紀のことです。その記憶が二〇世紀アメリカにおいて思い出されているということに、彼はおどろくのです。歌の内容は『旧約聖書』の詩篇にあるもので、『旧約聖書』はユダヤ民族の聖典です。キリスト教徒が『新約聖書』を聖典としているのと対照的に、ユダヤ人にとっては過去の記憶の集積が『旧約』なのです。その歌詞の冒頭を、ここに引きます。

By the rivers of Babylon, There we sat down and wept,
When we remembered Zion. Upon the willows in the midst of it
We hung our harps. For there our captors demanded of us songs,
And our tormentors mirth, saying, "Sing us one of the songs of Zion."
How can we sing the LORD'S song In a foreign land?
If I forget you, O Jerusalem, May my right hand forget her skill. (Psalm 137)

バビロンの流れのほとりに座り　シオンを思って、わたしたちは泣いた。
竪琴は、ほとりの柳の木々に掛けた。
わたしたちを捕囚にした民が　歌をうたえと言うから、
わたしたちを嘲る民が、楽しもうとして
「歌って聞かせよ、シオンの歌を」と言うから。
どうして歌うことができようか　主のための歌を、異教の地で。
ああエルサレムよ　もしも、わたしがあなたを忘れるなら、
わたしの右手はなえるがよい。

「シオン」とは、ユダヤ人の心の故郷を示します。そして、「エルサレム」は同じ心の故郷ではありますが、「聖地」の意味を持っています。バビロンという異郷の地に閉じこめられたユダヤ

人の心の故郷、それを忘れまいという思いがこの歌に表れているのです。

ユダヤ人でない主人公は、この歌を聞いてから、ユダヤ人とはなんなのか、そういう疑問を抱きます。あるとき彼女に「ユダヤ人って、どういう人たちなんですか?」と尋ねると、彼女はこう答えます。「ユダヤ人はいつも自分たちを敵視する人たちと対面し、その人たちとなんとか折り合いをつけることを考えてきた、そういう民族だ」と。彼女と付き合って、つねに敵と向き合いながら、自分たちの過去を見つめつづけて来た民族がここにいるのだと彼は実感します。そして、この人には自分の秘密を打ち明けられるだろうと思うようになり、とうとう自分の出生の秘密を明かすのです。

けれども、真実を告白して、それですべてが解決するわけではありません。真実を告白した彼は気が楽になり、彼女に「一緒にどこかへ逃げよう」と誘いかけるのですが、それに対して彼女は、「あなたはどうして過去から逃れようとするのか。しっかり過去を見すえないかぎり、本当の人生は始まらないのに」ときっぱり言うのです。その後、いくら彼女に言いよろうとしても、もはや彼女は彼を受けつけません。主人公はこのユダヤ女性の断固たる態度に圧倒され、彼女ののこした「しっかり過去を見据えないかぎり、本当の人生は始まらない」という言葉の重みを噛みしめるのです。

自分が他人になりすました経緯について、彼は長く封印していました。他人はもちろん、自分にも封印し、ほとんど忘れたようになっていました。しかし、彼女に捨てられたことで、朝鮮戦争の折に自分の目の前で戦死した上官の身分証明バッジを自分のとすり替えて、自分が戦死したことにし、死んだ同僚に成り代わって帰国した時の記憶が鮮明によみがえるのです。ユダヤ女性とのつき合いは短かったけれども、彼の得たものはその後の人生を決定するほどに大きかった。ちなみに、過去の記憶を大切にすることは精神分析の重要な部分であり、そのことを強調したフロイトもまたユダヤ人であったことをここで想起しましょう。

5　ノスタルジア

精神分析で重要なのは、過去の記憶、心の古傷の記憶を蘇らせることであるとは、これまでにも述べました。日々の生活の中で忘れ去られた記憶をよみがえらせた時、人は自身の生の意味を確認できるというのです。そうした確認は、人格をより堅固なものにし、自分の人生は生きるに値すると思うのに役立つでしょう。

「マッド・メン」の主人公の場合、過去の記憶への回帰がユダヤ女性との出会いをきっかけとして生まれたと述べました。その後、主人公の精神の変化は仕事にもあらわれ、彼は誰もが感心するような感動的ＣＭを作ることに成功します。そのＣＭのキャッチ・コピーは「ノスタルジア」。回転式スライド映写機の広告です。いまここに、彼がそのＣＭの試作を会社の企画会議で見せる場面で彼が言ったことを再現してみます。

最新技術は、輝きある魅惑品を生み出すものです。しかし、それが人々の心とつながれば、単なる表面的魅力を越えて、日常生活に深く入りこむことにもなるのです。私がはじめて就職したのは毛皮の会社で、そこには歳とったギリシャ人のコピー・ライター、テディーという男がいました。（…）その男はある時、人々と製品との深い絆について話をし、その時「ノスタルジア」ということを言ったのです。これはたいへん力強いと同時に、とてもデリケートなものだとも言いました。

彼が言うには、ノスタルジアはもともとギリシャ語で、これを直訳すると「古傷による痛み」となるのだそうです。心のなかでずきずきする痛み、これは傷の記憶そのものより強いものなのです。…さて、今回の商品はなにも宇宙船ではありません。しかし、時間をさかのぼったり、前に進めたりすることのできる器械ではあります。（…）それは回転木馬のようなものであって、子供がそのうえで移動するように、私たちを時間の旅へと連れていってくれます。そして、ぐるぐると回っているうちに、しまいに私たちが愛されていた時へと連れていってくれるのです。

(Season One, Episode: The Wheel, Carousel 2007)

このような説明をしつつ、主人公は最新技術の産物である回転式スライド映写機を使って、一連のスライド写真を企画会議の面々に見せます。妻ベティとの出会い、結婚式、第一子の誕生、第二子の誕生、家族旅行などの写真です。それらがなるほど「回転木馬」（Carousel）のように、会議に出席していた同僚や上司たちの前につぎつぎと現れるのです。これらの写真を見た同僚たちは感激し、「すばらしい」を連発します。

ですが、この場面でもっとも重要なのは「ノスタルジア」です。それが「古傷による痛み」であったことを忘れるわけにはいきません。主人公はこの言葉の意味を明らかにしているにもかかわらず、自分が見せた一連の写真のどこに「ノスタルジア」があるのかは言っていません。企画会議の誰ひとり、主人公の見せた家族生活の記録のなかに「古傷による痛み」を見つけることはできなかったのです。彼らはただ感嘆し、そんな詮索すら忘れていました。

それもそのはず、そこにいた誰ひとり、主人公以外には彼の出生の秘密を知らなかったのです。主人公の「ノスタルジア」は、彼の出生の秘密からくる痛みにほかなりませんが、彼が同僚たちに見せた写真は、そうした秘密をおおい隠すものではあっても、それを暴露する材料にはなっていなかったのです。

では、それなら、なぜ彼はあえて「ノスタルジア」に言及したのかという疑問が残ります。そこに彼がユダヤ女性と出会ったことの成果が現れていると私は見ています。言い換えれば、彼はそこで明らかに精神分析的世界へと一歩踏み出していた。というのも、精神分析では、人間精神がおかしくなった場合、過去をさかのぼり、心の古傷を訪ね、それを自ら受け入れて言葉にして語ることが重要だからです。

主人公のスライド写真の上演の仕方は、彼がユダヤ女性と出会ったことで過去を振り返ることの重要性に気づいたことを表しています。しかし同時に、どのようにして「古傷」にたどり着けばよいのかはまだわからないといった、曖昧な状態をも表しているのです。したがって、CM制作は成功しても、彼の問題は未解決のまま残ります。

問題が未解決であったことは、ドラマにはっきり出てきます。理屈ではよくないとわかっていながらも、主人公がなお過去を否定しつづける場面がその後も幾度となく出てくるのです。たとえば、血はつながっていないけれども一緒に幼少期をおくった弟が、あるとき新聞でCM業界で成功している兄の写真を見つけ、わざわざニューヨークに彼を訪ねてくる場面があります。弟にすれば、兄が他人の名前で新聞に登場するのを不審に思ったにちがいなく、それを確認したかったのでしょう。兄の顔自体は以前と同じなのですから。

しかし、他人になりすまして社会で成功している主人公は、「あなたとは面識がない、人違いだ」と弟をつっぱねます。そういうところに、主人公があくまでも自分の過去を受け入れない態度があらわなのです。もちろん、つっぱねられて、それで引き下がる弟ではありません。どうしても腑に落ちないと、後日また兄に会いに来るのです。兄のほうは、もはやとぼけつづけることは無理だとさとり、弟をレストランに連れて行き、自分が義兄であることを認めたうえで、大金を渡してもう二度と会いに来るなと言います。

兄にすれば、少年時代に親しくもなかった義弟が、成功して裕福な暮らしをしている現在の自分をいきなり訪ねてきたのですから、お金以外の目的はないと判断します。しかし、弟のほうは兄の冷たい対応に打ちひしがれたのか、数日後に宿泊先のホテルで首をつって自殺してしまうのです。兄にすれば予想外の展開でしたが、もちろん、あくまでしらを切りつづけます。のちに義弟の幻影が社内のあちこちに現れるのを見ることにもなるのですが、それでも彼はなりすましをつづけるのです。

このような自己隠蔽の病が彼の全人生にのしかかり、そこから抜け出せない。果たして、そこに救済はあるのか。視聴者には、そこがいちばん気になるところです。しかし、どうやらドラマ制作者たちは、解決そのものより、そこに至る心的プロセスに関心があるようです。心の古傷の記憶の断片のフラッシュ・バック。もろい表層アイデンティティの、地下断層のズレによる激震。これが、このテレビ・ドラマの核心となっています。

6　『暗夜行路』とフロイト

「マッド・メン」を見ていると、しばしば日本の近代小説『暗夜行路』が思い出されます。『暗夜行路』はすぐれた作品というふうに評価されながらも、時代と社会を描かずに個人史に終始しているという理由で近代日本を代表する小説とは言い得ないとも言われてきました。とはいえ、少なくとも精神分析の立場からはきわめて興味深い作品であり、精神分析的作品と言ってよいと思います。というのも、この志賀直哉の長編は、近親相姦をテーマにしているのです。

近親相姦がどうして精神分析とからむのかと言われれば、フロイトのいうエディプス・コンプレックスが子の親への一体化願望を起点としているからであり、そこには近親相姦のタブーが前提されているからです。そもそも、エディプス・コンプレックスという言葉自体、古代ギリシャのエディプス王の物語に由来しているのであり、その物語においてエディプス王は、自分では知らずに我が父を殺し、さらに生みの母を妻としてしまうという罪を犯し、そこから悲劇が起こっているのです。古来、このタブーにからむ物語は実に多く、その末端に『暗夜行路』が位置していることになります。

近親相姦を主題にした文学作品といえば、日本では古くは『古事記』のなかに軽王（カルノミコ）と衣通姫（ソトオリヒメ）の悲劇が見つかります。軽王は皇位を継ぐ身分にありながら、実妹であった衣通姫を愛してしまい、そのために宮廷を追われ、ついに二人は心中するという結末です。この物語が『古事記』に収録されているのは、近親相姦のおそろしさを伝えるためではなく、二人のかわした一連の歌を示すことで、禁じられた恋の悲しさを伝えようとしたからだと思われます。編者の意図ははっきりとはわかりませんが、読者はそこに美しい悲恋文芸を見るばかりで、いかにイデオロギー性のある『古事記』であっても、やはり文学なのだと思わざるを得なくなります。

『暗夜行路』に話を戻すと、この作品の主人公は出生の秘密を抱えています。しかし、本人はそれを知らずに成長します。この点では、先に挙げた古代ギリシャのエディプス王の物語と共通し、「マッド・メン」の主人公とはちがいます。エディプス王は、自分の本当の父が誰で、本当の母が誰かを知らずに育ったのです。

『暗夜行路』の主人公はある女性と結婚したいと思う年齢に達したとき、その結婚を家族から反対され、その理由を問うと、兄から次のような驚くべき真実を知らされます。兄によると、主人公は父と母のあいだに生まれた子ではなく、父の父、すなわち祖父と母とのあいだに生まれた子だというのです。つまり、彼の実父は父ではなく祖父であり、母だけが実母ということになります。このような、あってはならない関係から生まれ出た自分、それに彼はおののきます。と同時に、今まで一緒に育ってきた兄弟たちとも、父とも、もはや遠い存在なのだという寂しさにも襲われるのです。幼い時から慕い、また自分を愛してくれた母は、もはやこの世の人ではなかったので、絶望の淵に沈んだ彼は、天涯孤独を味わうのです。

作品はそういう主人公が、いかにしてこの人生を肯定できるようになるかというプロセスを追います。その場合に精神分析的な面が出てくるそのひとつは、主人公が絶望の淵から立ち直ろうとするときに、まず幼少時からの記憶を徹底的に洗い出そうとするところです。彼はその過程で、母がいかに自分を愛してくれていたか、また父がいかに自分を憎んで来たかを悟るのです。

と同時に、祖父、すなわち自分の実父がいかにいかがわしい人間であったかも、まざまざと思い出します。そして、なにがなんでも自分は生きよう、過去の因縁を断ち切って再生しよう、そう決心するのです。

もうひとつ精神分析的な面といえば、作中に夢の記述が多いことです。主人公はその精神の進展に応じてときどき夢を見るのですが、その夢をフロイトのように分析したりはしないけれどもかなり鮮明な形で記憶しており、それを言葉にして語っているのです。このような主人公の夢の語りこそは、彼の精神を整理していくのに役立っているように思われます。夢は無意識の願望の現れであると主張したのはフロイトで、『暗夜行路』の作者、志賀直哉にはそうした理論はありませんが、彼は本能的に、夢に生命のあらわれ、心的状態の反映を見てとったようです。

『暗夜行路』の主人公は自身の個人史を振り返って前進する意志を固めますが、問題はそう簡単には片づきません。母の不義という忌々しい思いがつきまとい、ついつい放蕩生活をおくってしまうのです。「マッド・メン」の主人公は母親が娼婦であったという観念から解放されず、次から次へと不倫を重ねましたが、「暗夜行路」のほうは不倫ではなくて放蕩ですので、多少異なります。しかし、さまざまな女性を求めては失望するそのプロセスは、やはり出生の不幸を背負った人物、エディプス王的人物の悲劇を感じさせます。『暗夜行路』が精神分析的である所以です。

さて、放蕩生活を断ち切って、新しい生活をはじめたいと願った主人公は、長年住んだ東京を捨てて関西へ行きます。そこで出会った女性と結婚するのですが、ここは「マッド・メン」の主人公とちがって、結婚する前に自分の忌まわしい出自について告白し、それでも結婚してくれるかを確かめてから結婚するのです。嘘をついてまで自分の人生をつくり変えるのは愚かだと判断したのです。一方、相手の女性もその家族もそれによい反応を示してくれ、ふたりは結婚し、悲劇の主人公にもようやく春が訪れます。

しかしながら、それもつかの間、二人の愛の証であるはずの赤ん坊が、生後少しして急死してしまいます。もともと絶望の淵にしずみがちだった彼は、こうした不幸に見舞われるとすぐには立ち上がれません。自分には不吉な運命がつきまとっているのだというネガティブな強迫観念にとらわれ、彼と同じ程度、あるいはそれ以上に落胆しているであろう妻のことなど、まったくかまっていられなくなるのです。そうなると、夫婦の間がうまくいきません。それを打開するために、彼は気分転換に「植民地」朝鮮へ旅をするのですが、その朝鮮にはかつて祖父（＝実父）が妾としていた女性が住んでいるのですから、この旅行が主人公の妻をますますつらい思いに追いやったとして当然です。そういうわけで、彼の不在中、妻は自分を訪ねてきた従兄と肉体関係をもってしまいますが、これまた近親相姦であり、ここにまた作品全体の重い主題があらわれています。ようやく修復されたはずの主人公の人生は、またまた悪い連鎖へと向かってしまうのです。

朝鮮から帰った主人公は妻の不審な様子にいら立ち、なにがあったか詰問します。そして、とうとう妻と従兄の不倫を知ってしまうのです。しかしながら、そこで彼は妻に怒りをぶつけたりはしません。自身の運命を呪われたものと感じ、これに再びおののくのです。

一体、こうした悪い因縁から救われる道はないのか。これがこの小説が最後に突きつける問題です。主人公は必死にもがき、それでも生を諦めず、心の浄化を求めてひとり山寺に向かいます。そして、その山で病に倒れるのですが、そのとき生まれて初めて清浄な心で世界を見、自分が世界に優しくつつまれていることを実感するのです。自らの生が危ういと感じた彼は、妻を呼び寄せ、作品は妻が夫のかつてないほどの平穏を見とどけるところで終わります。その部分を引用すると、

穏やかな顔だった。直子（主人公の妻）は謙作（主人公）のこういう顔を初めて見るように思った。そしてこの人はこのまま、（病から）助からないのではないかと思った。しかし、不思議に、それは直子を、それほど、悲しませなかった。直子は引き込まれるようにいつまでも、その顔を見つめていた。そして、直子は、「助かるにしろ、助からぬにしろ、とにかく、自分はこの人を離れず、どこまでもこの人に随いて行くのだ」というようなことをしきりに思いつづけた。

どうやら主人公は、かつてない心の平安、アリストテレスのいう「カタルシス」を得たようです。

7　スサノヲの系譜

『暗夜行路』はいくら近代の作品であると言っても、その背後には日本文学の伝統があります。どんな伝統かといえば、それは『古事記』のスサノヲ（建速須佐之男）の伝統です。スサノヲもまた、エディプス・コンプレックスの代表であり、『暗夜行路』はそれと知らずに、このスサノヲ的エディプスの伝統を引き継いでいるのです。

そもそもスサノヲは天界に登場した最初の男神、イザナギ（伊邪那岐）のミコトから生まれた神です。このイザナギは彼に「海上」を治めよと命ずるのですが、息子のスサノヲは一向にそこを治めず、生まれてから成人するまで泣きまくって、周囲に乱暴をはたらく問題児なのです。息子のあまりの乱暴に父イザナギは腹を立て、なんでそんなに泣くのかと問います。するとスサノヲは、「母のところへ行きたくて泣くのだ」と言うのです。その場面の原文を引用します。

かれ、各々依さし賜ひし命のまにまに、知らしめすなかに、速須佐之男命、よさせし国をしらずして、八つかひげ心のさきに至るまで、啼きいさしき。その泣くさまは、青山は枯れ山のごとく泣き枯らし、河海はことごとくに泣き乾しき。ここをもちて、悪しき神のこゑは、さ蠅なす皆に満ち、萬のもののわざわひ悉くにおこりき。かれ、伊邪那岐大御神、速須佐之男命に詔りたまひしく、「なにしかも、いましは事依させし国をしらずて、泣きいさちる」とのりたまひき。これに答へ申ししく、「あは妣之国、根の堅州国に罷らむとおもふ。かれ、泣くなり」とまをしき。ここに伊邪那岐大御神、いたく怒りて詔りたまひしく、「しからば、いましはこの国に住むべからず」とのりたまひて、すなはちかむやらひにやらひたまひき。

「あは妣之国、根の堅州国に罷らむとおもふ。かれ、泣くなり。」これがスサノヲの父への返答です。「妣之国」とは「亡き母のいる国」ということで、「根の堅州国」とは黄泉の国、すなわち死者の国です。スサノヲはどうしてもそこに行き、「母」であるイザナミ（伊邪那美）に会いたいのです。

イザナミが「亡き母」であるというのは、スサノヲが生まれたとき、すでにこの女神は他界していたからです。見たこともない母へのこの思慕、これはのちの時代、平安時代の『源氏物語』の主人公、光源氏の亡き母桐壺への思いにもつながりますが、まぎれもなくエディプス・コンプレックスによる執着にほかなりません。スサノヲの場合それが断念できず、いつまでも泣きじゃくっています。コンプレックスを乗り越えられない心理の典型と言えましょう。

スサノヲの父への反抗にも、同じコンプレックスが現れています。彼は父イザナギの命令に素直にしたがうどころか、姉のアマテラスオオミノカミ（天照大御神）のいる天上へ行き、そこでも乱暴をはたらくのです。アマテラスは十分警戒しながらこの弟と面接し、なんとか弟を鎮めようとしたのですが無駄骨に終わり、その結果、ふさぎ込んでとうとう岩戸のうしろに立てこもってしまうのです。彼女は太陽神でしたので、彼女が岩の陰に隠れれば、世界に光はなくなります。真っ暗ななかで困った神々は、この深刻な事態の原因はすべてスサノヲにあると判断し、満場一致で彼を国外追放にします。そのあとどうなったか。後日談を『古事記』から引用すると、

かれ、やらはえて、出雲の国の肥の河上、名は鳥髪といふところに降りたまひき。（…）速須佐之男命、宮作るべきところを出雲国にまぎたまひき。ここに須賀の地に到りて詔りたまひしく、「吾ここに来て、我が心すがすがし」とのりたまひて、そこに宮を作りてましき。かれ、そこをば今に須賀といふ。この大神、初めて須賀の宮を作りたまひしとき、その地より雲立ちのぼりき。ここに御歌をよみたまひき。その歌は、「八雲立つ出雲八重垣妻籠みに八重垣作るその八重垣を」ぞ。

すなわち、天界を追われたスサノヲは出雲の国、現在の島根県に降り立ち、そこでまるで別人のようになって活躍し、生き甲斐を得るだけでなく、美しい姫をめとり、「須賀」というところに屋敷を建て、生まれてはじめて「我が心すがすがし」と思うのです。「すがすがし」とは、心の浄化のこと。すなわち、カタルシスです。長いエディプス・コンプレックスから解放されて、

ようやく地に足のついた大人になり、妻をめとって我が家を築く。生まれ変わったとは、まさにこのことです。

『暗夜行路』の主人公は、こうしたスサノヲの影を宿しています。この二〇世紀の主人公の母は早くに亡くなり、その後スサノヲ同様、彼はずっと亡き母を慕いつづけます。しかしながら、彼の母というのは、夫の父との不義を犯し、その罪の意識にさいなまれていた女性です。そのために、自身の不義の結果として生まれた我が子への愛は、ねぢれた形でしか出てこないのです。しかし、そのようなねぢれた愛であっても、主人公はそれをしっかり受け止め、「何と言っても、母だけは自分を愛してくれた」と感じています。彼にとって母は永遠の女性であり、決して「マッド・メン」の主人公のように恨んだりする対象ではなかったのです。彼がいだく母のイメージは、男の理不尽な欲望の犠牲になった女性というもので、彼はそうした母に対して、深い憐憫の情をいだくのです。

『暗夜行路』の主人公は時任謙作といいます。謙作とスサノヲのもうひとつの類似点は、心のなかに嵐をもっていることでしょう。スサノヲが荒れに荒れた青春時代をおくったように、謙作も荒れに荒れ、放蕩を重ねるのです。スサノヲが周囲に与えた害は、謙作とは比べられないほど大きいのですが、それでも謙作がスサノヲの近代版であることに変わりはなく、ふたりとも出雲の国に至って、その嵐が静まるという点も一致しています。スサノヲは天界を追われて出雲に降り立った。一方の謙作は、妻の不倫のあと心の浄化を求め、自分の意志で出雲の山へ上る。彼がのぼった山は大山で、これは伯耆の国にあるわけですが、伯耆は文化的には出雲ですから、彼は出雲に行って救われたと言ってよいのです。

もちろん、謙作とスサノヲには決定的なちがいがあることも確かです。スサノヲは仏教の影響のまだ見られない時代、すなわち「神代」の人物で、彼の神話には因果の思想は入っていません。したがって、彼がいかに天上で悪を犯しても、その結果は、地上に降りた彼の人生に反映されないのです。一方、「罪の子」として生まれた謙作には、「親の因果が子に報い」という仏教の因果思想がつきまとっています。それゆえに、いくら放蕩にふけっても幸せになれないのです。それでも幸福を求め、心の平安を求めた結果、「仏教のことは何も知らなかったが、涅槃とか寂滅為楽とかいう境地には不思議な魅力が感ぜられた」と作品の終末部でもらす。すべての因縁から解放されて、嵐の人が「仏」になる様は、すでに引用した作品の結末部に見てとれるのです。出雲へおもむく前、彼は妻に「仏になって帰って来る」などと冗談をとばしていましたが、まんざら冗談ではありませんでした。

さて、『暗夜行路』が精神分析的だといいましたが、このような仏教的と見えるような作品の解決の仕方にも、精神分析の祖フロイトの言葉が照応します。フロイトは、人間が「快楽原則」と「現実原則」のあいだで右往左往する存在であり、最終的にはニルヴァーナ、すなわち「涅槃」に落ち着こうとする生き物だと見ていました（「快感原則の彼岸」）。この場合、フロイトは「涅槃」という仏教用語を用いていますが、それは彼が仏教徒になったということではなく、この言葉が彼の「エロス」（生の衝動）と「タナトス」（死の衝動）の葛藤という図式に当てはまると判断したからです。『暗夜行路』の主人公謙作は、妻から見ればもはや命が「助からない」かも知れない状態でしたが、それは「不思議」に「穏やかな顔」だったと妻は見ています。生死の境にあって、そのどちらでもないこの状態こそ、まさにフロイトのいうニルヴァーナ（涅槃）だったのです。

フロイトのこの生死の理論についてのジャック・ラカン（Jacques Lacan）の解説は、謙作の場合にうまく適合するように思われます。ラカンは『セミネール』（*Le Séminaire*）において、およそ次のようなことを言っているのです。すなわち、フロイトが「快楽原則の彼岸」に見たものは、「平安と永遠の死への渇望」であって、それは、生まれることを望まれなかった子に顕著なものである、と。

たしかに、謙作は「生まれることを望まれなかった子」です。「マッド・メン」の主人公もそうだったでしょう。そういう子が成長し、必死にもがきながら生きていく。もういい加減に、それにも終止符を打ちたいと感じる。それで結婚に希望を託すのですが、それも挫折する。そのような人間はどこへ行きたいでしょう。「快感原則の彼岸」ではないでしょうか。

8 イデオロギー物語と文学

精神分析は個人のためという意見がありますが、フロイトの「トーテムとタブー」などを読むと、彼の関心が必ずしも個人の内面の問題にのみ向けられていたわけではないことがわかります。ですから、個人の物語のみならず、社会の物語というものも、精神分析の立場から考えてみなくてはなりません。そのことは、『ものぐさ精神分析』の著者で精神分析の研究家でもあった岸田秀も言っています。

社会の物語とは、社会全体が自らを語る物語であり、それは神話であるとか、叙事詩、歴史といった形をとって現れます。個人史物語が個人の確立のために重要だとすれば、社会の物語は社会の自己形成にとって重要だということでしょう。かりにもある社会の神話が崩れ、残されたものがその断片だけであったとすれば、その社会は自己形成できなくなり、きわめて不安定なものとなるにちがいありません。

また、歴史と言ったって、それが事実の断片の集積にすぎないなら物語にはなりません。そうなれば、なんの精神的効果も発揮できないでしょう。世界の現象は、物語という形をとらなければ私たちには認識できない。これは、以前にも述べたことです。

歴史は物語なのか？　長い間、歴史は物語ではなく事実であるという考え方が主流でしたが、ヘイドン・ホワイト（Hayden White）などのおかげで（『歴史と物語』）、今日では歴史もまた物語であることが認められているようです。かつて日本の文芸批評家・小林秀雄が「歴史は神話である」と言いました（「歴史について」）が、小林と同年代のクロード・レヴィ＝ストロースも「歴史は近代人の唯一の神話である」と言っています。歴史を神話であると彼らが主張したのは、歴史が他の物語とはちがって多くの人に「真実」であると信じられていることへの抵抗を示したかったからです。世の中には、歴史にかぎらず毎日のニュースをそのまま信じている人がいますが、ニュースもまた物語であり、そうであるからには、その物語をつくる人がいるということを忘れてはなりません。

さて、フロイトに話を戻し、彼が社会の物語についてどのような見解を持っていたかを見てみたいと思います。それには、「幻想の未来」（Die Zukunft einer Illusion）という彼の論文を見るのがよいでしょう。そこには彼の文化論、いや、文化批判と言ってよいものが展開されています。文化とは、むろん個人のものでなく社会集団のものですから、そこに厳しい分析が導入されると社会批判となります。では「幻想の未来」で、フロイトはどういうことを言っているのでしょうか。

その前に、これを書いたときフロイトがナチズムが台頭し始める時期のヨーロッパにいたという事実をおさえておくべきでしょう。彼はヨーロッパ文明がどのように危険な方向に向かっているか、それをひしひしと感じていたにちがいないのです。そのような状況を考慮しながら、以下の文章をみてください。

人は自分の文化を理想化してナルシシズムを満足させるのであるが、この満足こそは集団内部に根を張っている文化への疑いと恨みを抑えるのに非常におおきな効果を発揮している。その文化を大いに享受できる特権階級ばかりでなく、抑圧された階級もまた、同じ満足感にひたるのである。とくに後者はその集団に属さない人々を馬鹿にすることによって、自分たちが受けている偏見の埋め合わせをするのである。

まずここでは、「自分の文化を理想化してナルシシズムを満足させる」に注目しましょう。ナルシシズムは精神分析で用いられる用語ですが、これがいわゆる集団的愛国心につながることをフロイトは指摘しているのです。さらに、「その集団に属さない人々を馬鹿にすることによって、自分たちが受けている偏見の埋め合わせをする」という文言に注目すると、「その集団に属さない人々」とはたとえばユダヤ人のことであり、それを差別する心理的メカニズムが説明されているのです。すなわち、ここには人種差別の心理的要因が精神分析的に示されている。社会システムのなかで抑圧されている多くの人々が、その抑圧をとりのぞくことができない腹いせに、自分たちの社会に入り込めないよそ者を抑圧するという、差別のメカニズムを語っているのです。そうした抑圧を正当化するものは、「理想化」された自文化の意識、すなわち愛国心にほかならないとフロイトは言います。そこにこそ、集団のナルシシズムがあると言っているのです。

ここで、社会の物語という問題に立ち返り、いったい社会の物語とは何のためにあるのかを問い直してみたいと思います。まず言えることは、それが集団を結束させるためのものであり、社会のもつイデオロギー的偏向を正当化するものであるということでしょう。故人となった私の長年の友人、小宮彰は「太平洋戦争への布石となったものとして、その戦争のとき将校だった人々が少年時に愛読した通俗物語を知っておく必要がある」と言っていましたが、たしかにそうした物語が社会的団結をつよめることは十分あり得ることなのです。たとえば、矢野龍渓の「浮城物語」は明治中期に書かれたものですが、のちの日本軍の南下政策の下敷きとなりました。社会の物語には、イデオロギーを指導し、強化する面があるのです。

もっとも、そうした物語とは方向も目的も異なる、逆方向の社会の物語もあることは言っておかねばならないでしょう。個人史物語が個人の内面をうがつように、社会のもつ矛盾をうがつような、精神分析的な物語もあるということです。すなわち社会が自らの矛盾を語り、自らの問題の核心に触れるような物語、そういう物語もあるのです。そうした物語は、抑圧する側にではなく、される側の共鳴を得られるでしょう。そうした社会の物語こそ、私たちは大事にしなくてはならないと思います。

では、そうした精神分析的な社会の物語として、具体的にどのようなものがあるか。トラウマ、ノスタルジアといったことを糸口にして考えると、自らの社会が「痛み」として感じているものを見つけ出し、その「痛み」の淵源にある「心の古傷」の記憶にたどりつき、その記憶に言葉を与えるような作品が、ここで求められる社会の物語ということになります。そのような、古傷を癒し、カタルシス（浄化）をもたらし得る作品は、いったいどこに見つかるだろうか。

私が思いつくひとつは、アメリカ南部出身の作家・ウィリアム・フォークナー（William Faulkner）の『響きと怒り』（*The Sound and the Fury*）です。この作品こそは、彼が生まれ育ったアメリカ南部の社会の物語であり、そこに精神分析的な試みがなされている作品と言えると思います。以下、この作品について、少し考察してみたいと思います。

9　トラウマの記憶とフォークナー

『響きと怒り』は南北戦争（一八六一―六五）で敗れたアメリカ南部の精神的崩壊を描いたものと言えるでしょう。作者フォークナーはこの戦争のあとに生まれた人なのですが、祖父や父親、親戚などから、この戦争についていろいろ聞かされて育ったようです。それゆえ、彼の内に南部の敗戦が「心の傷」、すなわちトラウマとして残っているのです。

しかしながら、彼が耳にした戦争の物語は、おそらく南部側の見方によるもので、それによれば、すべて北部が悪かったということになっていたはずです。フォークナーはそうした南部の社会の物語を部分的には受け入れたでしょうけれども、全面的にそれを支持していたとは思われません。というより、彼にとって大事だったのは、戦争においてどちらが正しかったかではなく、敗戦者の心のあり方であったと思われるのです。

そのことは、たとえば『響きと怒り』の第二章の次の言葉に現れています。クウェンティンという息子を北部の名門ハーヴァード大学に送り込んだ父親が、その息子にプレゼントとして「時計」(the watch) を送ったときの言葉です。ハーヴァードに進んだクウェンティンは、記念にもらったこの「時計」をにらみながら、父の言葉を回想します。以下は、彼の回想のなかの父の言葉です。

I give you the mausoleum of all hope and desire (…) I give it to you not that you may remember time, but that you might forget it now and then for a moment and not spend all your breath trying to conquer it. Because no battle is ever won he said. They are not even fought. The field only reveals to man his own folly and despair, and victory is an illusion of philosophers and fools.
お前に私はこのあらゆる希望と欲望の墳墓ともいうべきものを授ける。(…) お前が時間というものを忘れないようにというためではない、むしろ、お前にときには時間などを忘れてほしい、時間を征服してやろうなどということにお前の命をついやしてほしくないからなのだ。なぜって、どんな戦争にも勝者なんていない（そう父さんは言った）。第一、どんな戦争も、戦われたことなんかないんだ。戦場は人間の愚かさと絶望しか見せてくれない。勝利なんていうものは、哲学者と馬鹿者の幻想にすぎないんだ。

この引用でまず気になるのは、クウェンティンの父親が「時計」を「希望と欲望の墳墓」と呼んでいるところです。「墳墓」に相当する〝mausoleum〟はラテン語で、作者はおそらくラテン語を駆使する南部の旧名家の人の「退廃した教養」を示したかったのだと思われます。同じく南部を描いたマーガレット・ミッチェル（Margaret Mitchel）の『風と共に去りぬ』（*Gone With The Wind*）を見てもわかるように、南北戦争で南部が負けたことは、南部の人々にとって「文明」（civilization）の終わりを意味しました。クウェンティンの父親は、ヨーロッパの文明を引きずる南部を代表する人として描かれているのです。

しかし、右の引用で最も興味深いのは、クウェンティンの父親の歴史についての見方です。「どんな戦争にも勝者なんていない。」「第一、どんな戦争も、戦われたことなんかない。」「戦場は人間の愚かさと絶望しか見せてくれない。」こうした言葉には、戦争の悲惨とともに、勝利を喜ぶ北部の人間への軽蔑が示されていると言えるでしょう。無論、この父の戦争観をそのまま作者フォークナーのものであると単純に結論するわけにはいきません。というのも、すぐれた小説家の多くがそうであるように、フォークナーもまた、自分の作中人物に対して必要な距離をとっているからです。

それにしても、「戦場は人間の愚かさと絶望しか見せてくれない」とは、一七世紀の詩人・芭蕉が東北地方の古戦場を訪れたときの感慨を表した「夏草やつはものどもが夢の跡」を思い起させるとともに、そのちがいをも際立たせています。芭蕉が思い出した戦争は、彼の時代より数百年も前の戦争であるのに対し、クウェンティンの父が語っている戦争は、彼が目の当たりにした悲惨な戦争だったのです。作者フォークナーは、登場人物の想いの表白をとおして南北戦争による南部の人の「心の傷」を描いた。『響きと怒り』はトラウマの文学なのです。

この小説のすごいところは、作者が四つの章でそれぞれ異なった人物に語らせ、それぞれに異なった視点を、異なった言語で表現させている点です。そのなかには、知恵遅れで何が起こっているのかぼんやりとしかわからないが、本能的にものごとを感じ、情動の表出に終始する語りもあれば、南部の旧名家の退廃と苦悩を一身に背負った青年の語りもあり、新時代をなりふりかまわず生きる実際家の語りもあるのです。また、そうした人々を支えている黒人の使用人たちの優しさと忍耐にあふれた語りもあって、フォークナーはおそらく南部全部を描きたかったということがわかるのです。南部の異なった社会層と人種の声を、いずれも漏らすまいとしたのでしょう。

もちろん、そのようなことはそれ相応の芸、すなわち技術がなくてはできないことですが、それを支えているものは、フォークナーの南部に対する強い愛着と憎しみでした。愛情はわかるが憎しみはどうか、と思う人もいようかと思いますが、憎しみとは愛情の裏返しであり、愛のないところに憎しみはないのです。

ところで、フォークナーがどれほどフロイトを知っていたかわかりませんが、彼が心理学に興味を持ち、その心理学のなかでもウィリアム・ジェイムズ（William James）に共鳴していたということは、今日彼の研究者のあいだでは常識となっているようです。また、彼の小説の書き方は、いわゆる「意識の流れの文学」に属するとされ、彼が作家として活躍しはじめた当時、ヨーロッパではヴァージニア・ウルフなどの作家がジェイムズの心理学の影響を受けて、意識にうかぶさまざまな想念をできるだけ忠実に写し出そうとする動きがあり、それと彼の文学を関連づけることも常識となっているようです。私はここではそうした文学史上の「常識」から離れ、むしろフォークナーの物語の語り方にフロイトの夢分析の仕方との共通性を見ようと思います。フォークナーがフロイトの夢分析を読んでいたかどうかわかりませんが、明らかにそこには共通点があるのです。

そこで、まずはフロイトの夢分析です。そのほんの一例を示そうと思うのですが、非常に複雑なものです。まず、彼の見た夢の一例を紹介します。

私はある植物に関する研究論文を著した。その本は自分の目の前にある。ちょうど彩色図版が挿入されている頁をめくる。どの一冊にも、植物標本館からとってきたような植物の乾燥標本が綴り込まれている。

フロイトによれば、夢はさまざまな思いの組み合わせであり、それらが圧縮されて出来ているので、それを解釈するには、圧縮されたものを実物大に戻し、それを構成するいくつもの物語を再現することをしなくてはなりません。そうなると、これは大変面倒な作業になることは間違いありませんが、では彼は、上記の短い夢を、どのように解釈したのでしょうか。その解釈のほんの一部分を要約して示します。

私が夢の中で植物に関する論文を書いたとあるのは、その夢の前日の午前中、たまたまある書店で「シクラメン属」という題の新刊本を見かけたことと関係するでしょう。シクラメンは妻が好む花ですからそれに眼がいったのにちがいありませんが、実は私、妻にシクラメンを買ってあげることなどほとんどしていなかったのです。そういうわけで、この花を見るたびに私はやましさを感じ、それゆえ気にとまったにちがいありません。（…）そう考えると、この夢は私の妻に対する良心の呵責が元になっていると思えますが、花を妻に買って帰るということから、以前自分の患者でもあったL夫人のこともそこに関係しているのではないかと思います。この夫人は誕生日に夫から花をもらうのが恒例であったのに、最近は花をもらうことがなくなり、夫の愛情が冷めたのではないかと疑っていたのです。そういえば、つい最近、ある集まりにおいて、私はこの夫人のことを人々に実名抜きで語り、「忘却には無意識的意図がある」などと述べたものです。しかも、今思い出せば、私はL夫人の話を直接聞いたのではなく、二、三日前に妻から聞いたのです。したがって、夢のなかに出て来た植物は、前日に見たシクラメンに関する書物と関連し、その背後には私の妻やL夫人のことがあり、妻とL夫人が密接につながっていることから、私にとってシクラメンは夫の妻に対する不誠実の見本のようなものとなっているということがわかるのです。

ここでフロイトが述べていることを整理すると、以下のようになります。まず自分が夢のなかで「ある植物に関する研究論文を著した」ということから、彼はなぜそのような夢を見たのか、夢見た前日の経験に関連事項を求める。すると、本屋の店先で「シクラメン」に関する新刊書を見たことに思いあたる。そこで、今度は「シクラメン」から出発して関連事項を求めると、この花がフロイトの妻の大好きなものであることに思い至り、さらには、それにもかかわらず、自分が妻にその花を買って帰ることがないという自責の念に至る。しかも、その自責の念は、妻がL夫人のことを、この夫人が誕生日なのに夫から花をもらわないことから、「愛情の冷却」を感じているようだと言っていたことと結びつく。こうして、フロイトは、夢に現れた「植物の論文」の背後に、自らの妻に対するやましい思いを読みとるのです。

このような夢の解釈の仕方は、夢に何が出てきても、それをつねに日常生活のなかの関連事項、とくに夢を見た直前にあったことと結びつけて考えてみるという方法です。というのも、フロイトによれば、夢に現れるものは、きっと現実の断片であり、その断片の背後には、関連するいくつかの物語がからみ合って存在しているはずだからです。「植物」は「シクラメン」とはかぎらないけれども、「植物の論文」と聞けば、夢の前日の「シクラメンに関する本」が思い出され、「シクラメン」となれば、自分の妻が思い出され、さらに、夫が妻に花を買って帰らないという自責の念が頭をもたげる。すると今度は、似たような例が妻の口から出てきたことに思い至り、そこにL夫人という妻ではない女性が登場する、という具合です。

このように「いもづる式」に関連事項を引き出していく方法は、フロイトの場合、夢の分析においてだけではなく、精神分析の臨床の場でもつかわれていたものです。「自由連想法」というのがそれで、彼は患者につぎつぎに連想させていくことで、患者が心の奥に隠し持っている問題点に迫ろうとしたのです。

さて、フォークナーの『響きと怒り』にもそのような方法が見つかるというのが私の主張です。具体的には、どういう形でそれが現れているのでしょうか。この小説の第一章、すなわち知恵おくれのベンジー（彼は三三歳）の語りにそれが顕著です。以下、わかりにくい文章ですが、その語りの一部を引いてみます。作品の冒頭部です。

Through the fence, between the curling flower spaces, I could see them hitting. They were coming toward where the flag was and I went along the fence. (…) They took the flag out, and they were hitting. Then they put the flag back and they went to the table, and he hit and the other hit. Then they went on, and I went along the fence. (…) "Here, caddie." He hit. They went away across the pasture. I held to the fence and watched them going away.

垣根越しに、巻いたような形の花が咲いているところの間から、あの人たちが打っているのが見えた。あの人たちは旗があるところへ向かってきた。で、僕も垣根に沿って動いた。（…）あの人たちは旗を持ち上げ、そのあと打っていた。それから旗を元に戻すと、今度は高台の方へ行った。で、一人が打つと、もう一人の人が打った。それからみんな行ってしまった。僕も、垣根に沿って歩いた。（…）「おい、ここだ、キャディー。」その人が打った。みんな、牧草地をとおって行ってしまった。僕は垣根につかまり、あの人たちが行ってしまうのをじっと見た。

この文章には「打った」(hit) という表現が何度も出てきますが、いったい何を「打」っているのか書いてありません。語り手にもよくわからないので書いてないのです。

しかし、「打」っている人たちが「旗」のところへ行って「旗」を持ち上げ、「打」ってからまた「旗」を元の場所に戻していることから、ゴルフをしているのだとわかります。「キャディー」

を呼ぶその人たちの声からも、そうだとわかります。それをわかっていないのは、語り手だけなのです。なぜわからないのかといえば、それは語り手の認知する世界が幼児のそれに近いからで、それは彼の語り方から推測できます。

とはいえ、語り手が幼児でないことは、この引用の少しあとで、一緒に来ていたラスターという男が、「三十三にもなって、そんな風じゃ困るじゃないですか」と言っていることからわかります。大人なのに、精神的成長がみられない、そういう存在なのです。彼の語りは、ですから、そういう存在から見た世界についての語り、ということになります。

そのような語りの中で、語り手にとってゴルフ場は「牧草地」（pasture）です。ゴルフを知らない彼に、ゴルフ場の概念はありません。しかし、牛もいないのに、どうして語り手は「牧草地」と言うのでしょう。これは物語のつづきを読まなくてはわからないことですが、実は現在ゴルフ場になっているこの土地は、かつてはこの語り手の家族の所有する牧草地だったのです。一家は落ちぶれた経済状態を改善すべく、この土地を売った。その結果が、このゴルフ場。かつては自由に跳びはねることのできた牧草地が、いまや垣根越しにしか覗けない土地となってしまったということです。

語り手には、どうやら時間の経過、歴史の変化は認知されていないようです。それゆえ、彼にとってゴルフ場はいつまでも「牧草地」なのです。「時間の経過、歴史の変化」を認知しないのは、フロイトによれば「無意識」の特徴です。夢においてはこの無意識が支配的になり、たしかに「時間の経過、歴史の変化」は尊重されません。フォークナーは「意識の流れ」の作家であると言われていますが、「無意識」に光を当ててそれを言葉にした作家と言ったほうが、私には納得がいきます。

　では、フロイトの夢分析にあるような展開、すなわち自由連想的展開は、この作品ではどういうところに現れているのでしょうか。以下の引用に、それが見つかります。

> We went along the fence and came to the garden fence, where our shadows were. My shadow was higher than Luster's on the fence. We came to the broken place and went through it.
>
> "Wait a minute." Luster said. "You snagged on that nail again. Cant you never crawl through here without snagging on that nail."
>
> *Caddy uncaught me and we crawled through. Uncle Maury said to not let anybody see us, so we better stoop over, Caddy said. Stoop over, Benjy. Like this, see. We stooped over and crossed the garden, where the flowers rasped and rattled against us. The ground was hard. We climbed the fence, where the pigs were grunting and snuffing. I expect they're sorry because one of them got killed today, Caddy said. The ground was hard, churned and knotted.*

僕たちは垣根に沿って歩いて、庭の垣根のところまで来た。そしたら、そこには僕たちの影法師があった。垣根では、僕の影の方がラスターのより長かった。垣根の壊れたところがあったので、そこをくぐり抜けた。「あ、気をつけて」とラスターが言った。「また、その釘に引っかかったじゃないですか。釘に引っかからないようにくぐること、できないんですか！」

キャディーが引っかかりをはずしてくれて、僕たちは這った。モーリーおじさんが、くぐり抜ける時、誰にも見られないようにって言ってたから、しゃがんで抜けようね、とキャディーが言った。さあ、ベンジー、こういう風にやるのよ。僕たちはしゃがんだまま、庭を抜けた。花がちくちく、がさがさ僕たちに逆らっていた。地面がかちかちだった。僕たちは垣根をのぼった。ブタたちがブーブーうなったり、鼻をくすんくすんさせていた。たぶん、悲しがっているのよ、だって、今日仲間の一頭が殺されたんだから、そうキャディーは言った。地面はかたくて、ガタガタしていて、コブだらけだった。

ここには、作者が自由連想法を用いて現在から異なった時間の次元へと移るさまが明らかに見てとれます。作者自身が文字を斜体に変えているのです。語り手は、垣根の壊れた部分をくぐり抜けようとしたその瞬間に、過去の似たような状況を思い出し、そこから先の斜体文字の部分は、その過去の記憶の語りとなるのです。

現在から過去への時間の飛躍のひき金となっているのは、もちろん「垣根」の穴をくぐることにあるのですが、実はその前に、ゴルフをしている人たちが「キャディー」(caddie) と叫んだことで、すでに語り手の意識の奥で同じ発音の「キャディー」(Caddy) という女性の記憶が呼び覚まされていることが重要です。フロイトも、ある言葉の音声が、それと同音の別の言葉を連想させるものだと言っています。まさにそうした言葉の音声効果がこの語りにも現れているのです。

では、このキャディーなる女性は何者か。引用文の範囲でわかるのは、語り手より年上で、語り手の面倒をよく見る人だということです。そして、その彼女の言った通りに語り手は行動します。その彼女は、ブタの鳴き声にブタの哀しさを感じとる感受性の持ち主として、彼に記憶されています。彼にとって、彼女は自然世界と一体の人なのです。

この引用の少しあとに、“Caddy smells like trees”(キャディーは樹の匂いがする)という一文が出てきます。この一文が彼の語りの通奏低音をなしており、何度も何度も彼の口からもれ出るのです。これを「詩的」というのは、あまりにも簡単です。むしろ、「無意識」の奥に隠れた「心の古傷」(トラウマ)の声、というべきではないでしょうか。

10　戦後日本と小林秀雄

フォークナーの『響きと怒り』が彼の祖父たちが体験した南北戦争による「心の傷」を記憶の中でよみがえらせ、その「痛み」に言葉を与えようとした試みであるとはすでに述べたことです。いまここで問題にしたいのは、そういう彼が、アメリカ政府のすすめで敗戦国日本にやって来て述べた言葉です。「日本の若者へ」（To the youth of Japan）という講演（一九五五年八月）で、彼は次のように言ったのです。

A hundred years ago, my country, the United States, was not one economy and culture, but two of them, so opposed to each other that ninety-five years ago, they went to war against each other to test which one should prevail. My side, the South, lost that war（…）Our land, our homes were invaded by a conqueror who remained after we were defeated; we were not only devastated by the battles which we lost, the conqueror spent the next ten years after our defeat and surrender despoiling us of what little war had left. The victors in our war made no effort to rehabilitate and reestablish us in any community of men or of nations.（…）

I mention it only to explain and show Americans from my part of America at least can understand the feeling of the Japanese young people of today that the future offers him nothing but hopelessness, with nothing anymore to hold to or believe in. Because the young people of my country during those ten years must have said in their turn "What shall we do now? Where shall we look for future? Who can tell us what to do, how to hope and believe?"

一〇〇年前、私の国、すなわちアメリカ合衆国は、ひとつの文化、ひとつの経済で統一されている国ではありませんでした。互いに対立するふたつの国があったのです。そして、そのふたつはあまりに激しい対立ゆえに、いまから九五年前に、生き残りをかけて戦争に突入したのです。そして、私の側の南部は、その戦争に負けました。（…）私たちの土地、私たちの家は征服者に奪われ、荒廃させられただけではありません。征服者は戦後一〇年間にわたって私たちの場所に居座り、私たちにほとんどなにも残っていないのに、なおも略奪を重ねたのです。しかも、私たちがどの人種であれ、どの町の人間であれ、立ち直れるようにと配慮することはまったくなかったのです。（…）

私がこのようなことをいうのも、アメリカ人、少なくとも私の側のアメリカ人は、今日の日本の若者がどのような感情を持っているのか理解出来るように思うからです。現在の日本の若者たちには絶望しかなく、心を支える何物をも持っていないということが、よくわかるのです。南北戦争後の一〇年間、南部の若者たちはきっとこう思ったでしょう。「いったい、これから何をしよう。将来を探すったって、どこに求めたらいいんだ。なにをすべきか、何を信じるべきか、いったい誰が教えてくれるだろう」と。

このような出だしの講演を、当時の日本の若者はどのように聞いたでしょうか。まさか、戦勝国の作家、しかもその数年前にノーベル文学賞を受賞した作家が、自分は敗戦国の人間で、敗戦した日本、とくに戦後残された日本の若者の心情が理解出来るなどと言い出すとは、思ってもいなかったのではないでしょうか。

フォークナーのこの講演は、きわめて率直な彼の心をのぞかせるものであり、そこに、彼が祖父や父から聞いていた敗戦国南部の人間の「心の傷」がうかがえるのですが、そうであっても、百年も前の戦争の傷と、たった数年間に経験したばかりの戦争の傷では隔たりがあります。当時の日本の若者は、敗戦のショックの大きさから言って、まだそれを「傷」として感じるゆとりはなかったかもしれません。

しかし、そうであってもなお、というか、そうであればこそ、彼がこの講演でのこした言葉は大きな意味を持っているように思われます。彼はこの講演のなかで、たとえばこんな激励の言葉を「日本の若者」に投げかけているのです。

I believe it is war and disaster which remind man most that he needs a record of his endurance and toughness. I think that that is why after our own disaster there rose in my country, the South, a resurgence of good writing（…）.I believe that something very like that will happen here in Japan within the next few years, that out of your disaster and despair will come a group of Japanese writers whom all the world will want to listen to, who will speak not a Japanese truth but a universal truth.

自分自身の強さと忍耐強さを実感することがなにより必要なのだと人間に思い起こさせるのは、戦争と災害だと私は確信しています。私たちの国、アメリカ南部で起こった災禍の後で、良質な著作が復興した理由はまさにそれだったと思うのです。（…）私は、とてもよく似た何かが日本でも数年以内に起こるだろうと思います。あなた方がこうむった災害や絶望のなかから、世界中の人間が聴きたいと望む日本人作家の一群が登場してくるでしょう。彼らは日本の真実を語るのではなく、普遍的な真実を語るでしょう。

つまり、敗戦の経験は新しい文学の誕生の糧になり得ると言っているのですが、これを読むと、果たして、彼が期待したような文学が戦後日本に現れ出たかどうかと自問されてしまいます。もっとも、考えてもみれば、フォークナーが南部の文学を普遍的な文学にまで高め得たのは、南北戦争からおよそ一世紀ちかく経ってからのことですので、日本文学は彼が言った戦後

「数年後」ではなく、もっと後になって、その「心の傷」を糧にした作品を生み出す可能性はあります。

それよりも、ここでもっと注意しなければならないのは、南北戦争がフォークナー文学の誕生より半世紀以上前のことであったにしても、その「傷」の記憶を、彼はまざまざと自らの心に刻んでいたということです。もしそういうことがなかったなら、彼が精神分析でいう「トラウマ」を意識化し、それに言葉を与えることで「ノスタルジア」、すなわち心の古傷の「痛み」を語る文学を生み出せなかったにちがいありません。一方、戦後の日本人は、日本の文学者たちは、そうした心の傷の記憶をもちつづけてきたでしょうか。それをすすんで発掘しようとしてきたでしょうか。もしかすると、その逆で、そうした記憶を抹殺することで戦後の半世紀以上を生きのびようとしてきたのではないでしょうか。もし後者の仮定、すなわちトラウマの記憶の抹消を無意識にも心がけてきたのなら、日本には「ノスタルジア」の表現としての文学は生まれ得ず、「トラウマ」の治癒も起こり得ないことになります。

この問題は、たとえば戦後日本の文化の運命を危惧した文芸評論家・小林秀雄の次の言にも表れています。敗戦後六年目に書かれた「感想」という文章で、彼は次のように言っているのです。

私達が経験した大悲劇は、日本国民の非近代性に関する雄弁な反省などで片付けられるものではない。（…）事件は過ぎ去つたが、事件の遺した傷は、雄弁によつて治癒する様なものではない。傷が疼くのを知つてゐるのは当人だけだ。併し、政治の扱ふ対象は外から眺められた事件であつて、当事者の心の傷ではない。政治思想といふ集団的思想は、決して個人の心情に関はるものではない。戦犯の処刑は、勝者には正しからうとも、それは又政治思想の限界を示す。（…）私達は、みな生身の俳優となつて戦争といふ一大劇を演じたのであつた。それは、後になつて清算すれば済む様な一政治的事件ではなかつたのである。ひたすら清算に走つた知識人達を、私は侮蔑しようとは思はない。時の勢ひには抗し難いものがある。併し、直覚力と想像力とは文学者の専売ではない。

日の経つにつれて、日本人の演じた悲劇の運命的な性格、精神史的な顔が明らかになつて行くであらう。もしさういふ事が起こらなければ、日本の文化にはもう命はないであらう。

（「感想」一九五一）

ここで小林が「事件の残した傷」といい、その傷は「雄弁によつて治癒する」ものではないと言っているところは、とくに注目する必要があります。また、「傷が疼く」と言っていることにも、「当事者の心の傷」と言っていることにも注目しましょう。なぜなら、それはこれまで私が述べてきたこと、すなわち「トラウマ」と「ノスタルジア」に重なるものだからです。晩年の小林は本居宣長を経由したあと、なぜかフロイトの世界に沈潜していきましたが、それも今となれば納得のいくところです。

それにしても、「日の経つにつれて、日本人の演じた悲劇の運命的な性格、精神史的な顔が明らかになつて行くであらう。もしさういふ事が起こらなければ、日本の文化にはもう命はないであらう」という最後の二行は重く私たちにのしかかります。なんとなれば、自らの深い傷の記憶をたどって、自らが演じた悲劇を再現すること、すなわち物語ることが、これまで述べてきた「心の傷」の唯一の治療法だからです。小林はそのことを直感し、もしそういうことが起こらなければ、日本文化は死ぬとまで言っています。これは、フォークナーが日本の若者たちに望んだことを、反対の立場から述べたものなのです。文学者とは、いつの時代においても、どの土地の人であろうと、ついには同じところに至るのでしょうか。文学とは、文学者の占有物ではなく、人間なら誰しもが持つものであり、また自らそれを育てねばならないものだということを、あらためて感じさせられます。

11　南島歌謡にみる歴史の傷跡

本巻の最後に、第一章でも取りあげた奄美・沖縄などの南島の歌謡について語りたいと思います。なぜなら、そこには社会の物語、戦後の日本文学が充分になし得ていない戦争によるトラウマの記憶、心の痛みの物語が見つかるからです。

　そうした物語が、日本人の多くが知らないあいだもずっと南島では歌いつがれてきた。これは戦後日本の状況からすればほとんど奇跡のようですが、南島が日本の中心部から遠く隔たっているということが大きいのだと思われます。それらの島々には人間のもつ本来の歌が生き残っており、『万葉集』に見られる歌垣の世界までもが残存していることは、小野重朗の『南島歌謡』、辰巳正明の『詩の起源』などに明らかです。現代の歌手・下地勇の宮古語による歌にも、それを見ることができるのです。

　では、具体的には、どのような戦争による「傷」の物語が、そうした島唄に現れているのでしょうか。たとえば、作られたのは戦中であっても、戦後もずっとお蔵入りしていた「嘉義丸のうた」にそれを見ることができます。以下に、その歌詞を引きます。

散りゆく花はまた咲くに　ときと時節が来るならば
死に逝く人は帰り来ず　浮き世のうちが花なのよ
戦さ戦さの明け暮れに　戦火逃れてふるさとへ
帰りを急ぐ親子連れ　嘉義丸便りに船の旅
五月の二十日に大阪を　親子笑顔で船出して
屋久島みなとに入るまでは　雨風もなく波もなく

屋久島みなとをあとにして　二十六日十時半
大島岬も目について　宝の島の沖合で
ああ憎らしや憎らしや　敵の戦艦魚雷艇
打出す魚雷の一弾が　嘉義丸船尾に突き当たる
親は子を呼び子は親を　船内くまなく騒ぎ出す
救命胴衣を着る間なく　浸水深く沈みゆく
天の助けか神助け　ふたたび波間に浮き上がり
助けの木材手にふれて　親子しっかり抱きしめる
思う間もなくいとまなく　追いさらわれて海原へ
これが最後の見納めか　親子最後の見納めか
波間に響く声と声　共に励まし呼び合へど
助けの船の遅くして　消えゆく命のはかなさよ
親を恋しと泣く子らの　いとし子呼んで泣く親の
嘆きの声が聴こえたら　御霊よ天の星となれ

そもそも、「嘉義丸」とは大阪商船が一九〇七年に完成させた客船の名前で、最初は大陸への旅客を乗せていたが（ちなみに嘉義は台湾中西部の都市名）、一九三三年から大阪―沖縄航路の客船となったのだそうです。太平洋戦争のあいだもずっとこの航路で運行されていましたが、ついに一九四三年、鹿児島から沖縄に向かう途中で、アメリカの魚雷に撃沈されたのです。乗客五〇〇名のうち三二一名の命が奪われたといわれ、その多くが民間人であったそうですから、戦中とはいえ、たいへんな出来事です。この悲劇を記憶にとどめよう、その記憶を後代に伝えよう、そういう思いがこの「嘉義丸のうた」となっているのです。

この歌が作られたのは、一九四三年か四四年でしょう。これが流布しなかったというのも、当時の日本では自国民が敵軍にやられるような「暗い」ニュースは、国民の戦意をにぶらせるとみなされたからにちがいありません。長崎に原子爆弾が投下されたときの朝日新聞に「長崎に新型爆弾投下さる、被害僅少」と書かれるような時代でしたから、この歌が放送禁止・発売禁止となったとしても驚くことはないでしょう。

では、この歌の運命は、「民主化」されたはずの戦後になって大きく変ったかというと、そんなことはありません。戦後日本は、しばらくアメリカの支配下にあったため、アメリカの魚雷で嘉義丸が沈んだというような歌は、反米感情をあおるものとみなされ、ずっと知らされずにいたのです。これが知られるようになったのは最近のこと。歌が作られてから半世紀以上経って、ようやく二〇〇〇年になって、陽の目を見たのです。

再発見したのは奄美出身の歌手・朝崎郁恵。彼女が沖縄のうた「十九の春」を録音していて、ふとそのメロディーが自分の父がつくったのと同じであったことに気づき、そこから記憶をさかのぼって「嘉義丸のうた」に至ったのです。この歌は、彼女の父が戦中の悲劇をもとにつくったものでした。

このような戦中の悲劇を歌にしたものが最近になってしか陽の目を見なかったということは、たしかに大きな損失です。しかし、そうであっても、この再発見によって、歌のもつ意味と価値が再認識されるようになったのならば、決して無駄ではなかったと思われます。私たちはこうした歌をもっとよく知り、歌というものの意味を再認識しなくてはなりません。歌というものが物語的なはたらきを持つということ、そこに目を向け、社会の物語が歌を通じて共有されることについて考え直さなければならないのです。

こうした社会の物語を語る島唄としては、「南洋数え歌」も見逃すわけにはいきません。この歌は、沖縄の人々が日本軍の命令でサイパンに移住させられたそのときのもので、以下の歌詞がそれを語っています。数え歌ですので、「一つとさー」「二つとさー」と始まります。

一つとさーのーえー　広く知られたサイパンは　今はメリケンの旗が立つ　情けないのよ　あの旗よ
二つとさーのーえー　両親離れてサイパンへ　今はメリケンの牧場へ　情けないのよ　この哀れ
三つとさーのーえー　見れば見るほど涙散る　山の草木も弾のあと　罪なき草木に傷つけて

四つとさーのーえー　四方山見れば敵の弾　一日一日陣地を固め　明日来る来る日本軍

五つとさーのーえー　何時まで捕虜と思うなよ　やがて助ける船が来る　お待ちしましょう皆様よ

六つとさーのーえー　無理な仕事もやりぬいて　椰子の木のごと立ち伸びて　いつか実がなる時も来る

七つとさーのーえー　なんぼ私がいばっても　日給は僅か三十五銭　情けないのよ　三十五銭

八つとさーのーえー　夜勤は私は嫌ですよ　嫌というても追い出され　情けないのよ　この夜勤

九つとさーのーえー　これから先の我々は　助けられたり助けたり　同じ日本の人だもの

十とさーのーえー　豊崎登り日の丸を　国の光で輝かす　何で日の丸忘らりょか

一つ二つとえー　一から十まで歌いあげ　めくる人生の一ページ　悔いなき浮世を送ろうよ

サイパンに移住させられた沖縄の民が、日本軍にかわってアメリカ軍のもとで牧場で働かされたそのつらい経験を語るこの歌。明日は日本軍が自分たちを助けに来るだろう、日の丸は決して忘れられない、そういう愛国心が表明されていますが、その後の戦争の結末を知る者には「いたましい」としか言いようがありません。この歌もまた、日本の「内地」の人々が忘れてしまった、心の傷を表した歌にほかならないのです。

以上、この章では、物語がいかに人間にとって大事かということを述べてきました。小説の形であれ、物語歌の形であれ、自分あるいは自分たちに起こった出来事を、とくに心に深い傷をのこしたような出来事を物語るということが、いかに人間にとって大きな意味を持つかを、いろいろな例を通じて示そうと思ったのです。そうした物語の試みは、古代から近代までずっと続いてきたのですが、果たして現代の日本ではどうか。そこを最後に問題にしたいと思います。どうやら、沖縄や奄美をのぞいて、日本全国でそうした「トラウマ」の記憶の文学的営為が見られないというのが、私のたどり着いた結論です。

物語の重要性を認識し、教育などを通じて、文学の根本的な精神をもう一度人々の心につちかってほしい。それが私の願いです。

この本に登場した人・著作

本書には非常に多くの人名、書名が出てきます。それらの本は、私が思うに、多くの方々にとって重要な意味を持つものでしょう。それゆえ、この機会にそうした書物にも触れていただきたいと思い、ここに編集部の意向を汲んで一覧を示すことにしました。本書に出てくる順番に人名を記し、その下に書名を記します。

〔第一章〕

1

村野四郎＝現代日本の詩人。『若い人のための現代詩』（現代教養文庫、一九七二）は名著です。

日本唱歌集＝堀内敬三と井上武士が編集した岩波文庫『日本唱歌集』（一九五八）には、素晴らしい歌詞が並んでいます。

ボブ・ディラン＝ノーベル文学賞もらいたてのアメリカのシンガー・ソングライター。片桐ユズルと中山容訳の『全詩集』（晶文社、一九七四）には英語の原詩もついています。

2

フェルナンド・ペソア＝ポルトガルを代表する二〇世紀の詩人。『ペソア詩集』（澤田直訳、思潮社、二〇〇八）などがあります。

マリーザ＝現代ポルトガルのファドを代表する歌手。おすすめのＣＤは、Transparente（ＥＭＩ、二〇〇五）。

3

知里幸恵＝アイヌ文学を日本語訳したアイヌ女性。『アイヌ神謡集』（岩波文庫、一九七八）をぜひ読んでみてください。

アルチュール・ランボー＝一六歳から一九歳までの三年間しか詩を書かなかったフランスの天才。『ランボー全詩集』（宇佐美斉訳、ちくま文庫、一九九六）には書簡も含まれています。

宮沢賢治＝東北の詩人。童話作家でもある彼は、その独創性が近年ますます評価されています。『宮沢賢治詩集』（岩波文庫、一九七九）『銀河鉄道の夜』（新潮文庫、一九八九）などが手に入りやすいです。

古事記＝『新版古事記　現代語訳つき』（角川ソフィア文庫、二〇〇九）が読みやすいです。

4

古今和歌集＝『万葉集』から一五〇年、平安初期に編纂された歌集で、日本美学の原点です。佐伯梅友注の岩波文庫（一九八一）があります。

6

ジークムント・フロイト＝精神分析の創始者。西欧の世界観を変えた彼の代表的著作として『夢判断』（高橋義孝訳、新潮文庫、一九六九）があります。

フリードリッヒ・ニーチェ＝一九世紀最大の哲学者のひとり。著書として『ツァラトゥストラはこう言った』（氷上英廣訳、岩波文庫一九六七）が重要。

8

アントニオ・ダマシオ＝現代の脳科学者のなかで最も著名な一人。主著に『無意識の脳　自己意識の脳』（田中三彦訳、講談社二〇〇三）があります。

二木宏明＝日本の脳科学者の代表格。『脳と記憶　その心理学と生理学』（共立出版、一九七八）などの著書があります。

9

エミール・デュルケーム＝フランス社会学の祖。著書に『社会学と哲学』（佐々木孝賢訳、恒星社厚生閣、一九八五）があります。

クロード・レヴィ＝ストロース＝二〇世紀フランスの人類学者。主著は『野生の思考』（大橋保夫訳、みすず書房、一九七六）。

ロバート・ニーマイアー＝アメリカの心理学者。著書に『喪失と悲嘆の心理療法　構成主義から見た意味の探求』（金剛出版、二〇〇七）があります。

ジャン＝ジャック・ルソー＝近代社会の基本的な価値観をつくった一人で、彼の『言語起源論　旋律と音楽的模倣について』（増田真訳、岩波文庫、二〇一六）はきわめて独創的な本です。

岡ノ谷和夫＝日本の動物言語学者。『鳥のさえずり言語起源論』（岩波科学ライブラリー、二〇一〇）

で知られています。

10

ジャン・コクトー＝シュールレアリズムの詩人。『コクトー詩集』（堀口大學訳、新潮文庫、一九五四）を読んでみてください。

松尾芭蕉＝俳諧の達人。『芭蕉全句集』（角川ソフィア文庫、二〇一〇）が適当です。

ジャン・ピアジェ＝ヒトの子どもの知能がどのように発達するかを研究した第一人者。著書に『知能の発達』（谷村覚・浜田寿美男訳、ミネルヴァ書房、一九七八）があります。

11

ジェラルド・エーデルマン＝『脳から心へ』（金子隆芳訳、新曜社、一九九五）で知られる現代の脳科学者。ノーベル医学賞受賞者でもあります。

映画「イル・ポスティーノ」＝一九九四制作のイタリア映画。監督はマイケル・ラドフォード。

12

マーク・ターナー＝アメリカの認知科学者。ジョージ・レイコフとの共著『詩と認知』（大堀敏夫訳、紀伊国屋書店、一九九四）が日本で出ていますが、本書で取り上げた *The Literary Mind*（『文学する心』）は日本語訳がないようです。

13

角田忠信＝医者でありながら、日本語の特徴を解明した『日本人の脳』（大修館書店、一九七八）

の著者。

和漢朗詠集＝平安時代に編纂された漢詩と和歌の名作選。川口久雄校注の講談社学術文庫（一九八二）があります。

ベンジャミン・ウォーフ＝アメリカの在野の言語学者。著書『言語・思考・現実』（池上嘉彦訳、講談社学術文庫、一九九三）は画期的名著。

金田一春彦＝アイヌ研究の金田一京助の息子。著書に『日本語』（岩波新書、一九八八）があります。

14

本居宣長＝江戸時代の国学者で後世に与えた影響はとても大きい。岩波文庫に『排蘆小船・石上私淑言』（二〇〇三）があります。

アントニオ・ダマシオ＝『デカルトの誤り』（田中三彦訳、ちくま学芸文庫、二〇一〇）を読んでみてください。

15

ジョナサン・カラー＝現代を代表する文学理論家。入門書として『文学理論』（荒木・富山訳、岩波書店、二〇〇三）があります。

下地勇＝宮古島の言葉で歌うシンガー・ソングライター。CDとしては「下地勇一〇周年ベスト〝静〟＋〝動〟」がおすすめです。

神谷裕司＝新聞記者。奄美大島での経験をもとに『奄美、もっと知りたい』（南方新社、一九九七）を書きました。

ロシア歌曲「鶴」＝いろいろな人が歌っていますが、ドミートリー・フヴォロストフスキーのが圧巻です。ネットでも観れます。https://www.youtube.com/watch?v=clvOFt3MCsQ

〔第二章〕

1

ターレス＝古代ギリシャの哲学者で、「世界の根源は水」と言った人です。廣川洋一『ソクラテス以前の哲学者』（講談社学術文庫、一九九七）を参照してください。

アリストテレス＝古代ギリシャ哲学を集大成した人で、今日の学問の基礎をつくりました。文学論としては『アリストテレース詩学、ホラティウス詩論』（松本仁助訳、岩波文庫、一九九七）があります。

2

アンリ・ベルクソン＝二〇世紀フランスの哲学者で、日本でも人気があります。『創造的進化』（真方敬道訳、岩波文庫、一九七九）『道徳と宗教の二源泉』（平山高次訳、岩波文庫、一九七七）は読む価値のある本です。

リチャード・ファインマン＝ノーベル賞に輝く物理学者。ユーモラスな談話集『ご冗談でしょう、ファインマンさん』（大貫昌子訳、岩波現代文庫、二〇一六）を一読してみてください。

3

デビット・ルービンとダニエル・グリンバーグ＝アメリカの脳科学者で、主に記憶の問題を研究しています。日本語に訳されている著書はありません。本書に引いた二人の共著論文は *Narrative and Consciousness: Literature, Psychology and the Brain*（Oxford University Press, 2003）に載っています。

6

ウラディミール・プロップ＝ロシアの民話研究家で、神話や伝説の構造分析を世界で最初にした人です。ジャン＝ミッシェル・アダン『物語論　プロップからエーコまで』（末松寿訳、文庫クセジュ、二〇〇四）を参照してください。

7

ヴォルテール＝一八世紀フランスの啓蒙思想家で、『哲学書簡』（林達夫訳、岩波文庫、一九八〇）はぜひ読んでください。

テオドール・アドルノとマックス・ホルクハイマー＝この二人の思想家は、近代文明の徹底的な批判を『啓蒙の弁証法』（徳永恂訳、岩波文庫、二〇〇七）において展開しました。

ハンス・ファイヒンガー＝「かのようにの哲学」によって森鷗外に影響を与えたドイツの哲学者ですが、この著書の日本語訳はありません。

〔第三章〕

1

キャサリン・ネルソン＝アメリカの発達心理学者として、言語と精神の発達の関係について研究していますが、彼女の著書は日本語になっていないようです。

2

ジークムント・フロイト＝『精神分析入門』（高橋義孝訳、新潮文庫、一九七七）は精神分析がどういうものかを説明した講義録です。

「マッド・メン」＝マシュー・ワイナーが制作したアメリカのテレビドラマ。ＤＶＤで見ることができます。

6

志賀直哉＝近代日本の代表的作家のひとりで、長編小説『暗夜行路』（新潮文庫、一九九〇）はいまでも読まれています。

7

ジークムント・フロイト＝「快感原則の彼岸」は竹田青嗣訳『自我論』（ちくま学芸文庫、一九九六）に入っています。

ジャック・ラカン＝フロイトを継承するフランスの精神分析家で、その著書は難解。向井雅明『ラカン入門』（ちくま学芸文庫、二〇一六）、宇佐彰『ラカン的思考』（作品社、二〇一七）を紹介しておきます。

8

岸田秀＝日本の近代化の問題点を精神分析的に解析した『ものぐさ精神分析』（中公文庫、一九九六）は現代人必読の書です。

ヘイドン・ホワイト＝この人の『歴史と物語』（海老根・原田訳、平凡社、二〇〇二）は歴史についての新しい見方を提示しています。

小林秀雄＝日本を代表する文芸批評家で、『ドストエフスキイの生活』（新潮文庫、一九六四）のなかで独自の歴史論を展開しています。

ジークムント・フロイト＝『幻想の未来・文化への不満』が中山元訳で出ています（光文社古典新訳文庫、二〇〇七）。

矢野竜渓＝明治のジャーナリストにして小説家。「浮城物語」は『明治文学全集・第一五巻』（ちくま書房、一九七〇）に収録されています。

ウィリアム・フォークナー＝アメリカのノーベル賞作家。『響きと怒り』（平石・新納訳、岩波文庫、二〇〇七）は難解ですが、すばらしい作品です。

10

ウィリアム・フォークナー＝「日本の若者へ」という講演は、『フォークナー全集』（冨山房、一九六七―八四）の第二七巻に入っています。

小林秀雄＝本書で引用した「感想」は『小林秀雄全集・第九巻　私の人生観』（新潮社、二〇〇一）に入っています。

11

小野重朗＝南九州・南西諸島を研究した民俗学者で、著書に『南島歌謡』（ＮＨＫブックス、一九七七）があります。

辰巳正明＝万葉集を専門とする国文学者ですが、関心が奄美・沖縄から中国南部の少数民族の歌にひろがっています。著書に『詩の起源　東アジア文化圏の恋愛詩』（笠間書院、二〇〇〇）があります。

朝崎郁恵＝奄美大島出身の歌手。彼女の「嘉義丸のうた」はＣＤ「おぼくり」（ＥＭＩ二〇〇〇）に収録されています。

「南洋数え歌」＝戦中にできた沖縄の島唄で、うないぐみという女性歌手グループのＣＤ「うない島」（Disk Miilk 二〇一五）に収録されています。

おわりに

第一章では、はじめに歌というものが文学のもとであり、その歌は人間の自然に根ざしたものであるがゆえに、人間にとって必要なものであるということを述べました。鳥のひなが親鳥からさえずりを覚えるように、人間もまた歌うことを学ばなければ歌えるようにはならないということも、言ったつもりです。文学は必要なのか、という問いに対する私の答えが示されたことになります。

第二章では、同じ文学でも物語を問題にしました。そこでは、人間がものごとを認知する際にも、すでに物語づくりが始まっていることを述べ、文学が多くの人が想像するよりもはるかに深く人間精神に入りこんでいるということを述べたつもりです。科学の理論の背後にも、物語があると言いたかったのです。もっとも、いくら物語が自然に備わっているからといって、それを育てなければ一向に物語ることができないことも事実です。だからこそ、幼いときから文学を教育することが重要だと言いたかったのです。

はじめにも述べたように、昨今、科学技術を重視するあまり、文学無用論が出てきていますが、これが教育界にまで入りこんでいるならば、たいへん深刻な事態だと言わねばなりません。文学無用論ほどの無知、時代遅れの発想はないのです。

第三章では、精神分析の考え方と文学との接点を見つけ、そこから自己の歴史、社会の歴史を物語ることの重要性にも議論を広げました。心に傷があり、その痛みを感じる場合、その傷の記憶をたどり、その記憶をもとに物語を語りあげることが、傷を少しでも癒すには有効なのだということを言いたかったのです。これはなにも個人レベルの問題ではない、ひとつの国、ひとつの民族レベルの問題でもあります。このことは、読者一般もそうですが、とくに文学とかかわりを持つ人には考えてもらいたいと思います。

第三章の最後には、そうした観点から、第二次世界大戦後の日本文学についての憂いも述べました。この憂いが私個人の主観に過ぎないならばいいのですが、そうでもないような気がするというのも、最近、英語で日本思想史を書いているとき、気づいたことがあるからです。気づいたことというのは、日本人は近代以降、西洋化の過程において、擬似的な合理主義、効率主義をにわかづくりした結果、知性と、身体感覚および心情とのあいだに空洞ができてしまい、その空洞が埋められずにいるということです。つまり、日本人の心は統合されていない、統合失調状態であるということです。もしこのことが確かなら、心の古傷の治癒としての文学を生むことはなかなかできないのではないでしょうか。

似たような指摘は、別の角度からですが、戦後間もなく、川端康成がしています。川端は、

「日本人には真の悲劇も不幸も感じる力がない」と言っているのです（「哀愁」）。そういえば、今から四〇年まえ、精神分析の専門家の岸田秀もそのようなことを指摘しています。彼は近代日本人の自我構造を問題にし、「精神分裂」ということを言っているのです（『ものぐさ精神分析』）。人間の脳は言語習得以前の思考の上に、言語習得後の思考が連続してこそ発達するのだとは、脳科学者ジェラルド・エーデルマンの言です。このことを応用すれば、日本人の脳は、言語習得以前の思考と、言語習得後の思考が連続していないということになるでしょう。深刻な事態が起こっているのです。

このような事態をどう克服すればよいのか。ここでも私は文学の重要性を主張します。なぜなら、言語習得以前の思考、すなわち身体感覚と心情に直結し、メタファーを駆使するこの思考を言語化できるのは、文学をおいてほかにないからです。つまり、文学言語は言語習得以前の思考と、言語習得後の概念的かつ論理的思考との橋わたしができる。私が本書で文学は必要だと言った根拠は、最終的にはここにあります。

なお、最後になりましたが、本書の構想を得るにあたって、私にフォークナー文学を紹介してくれたアメリカ文学の研究者・中野学而さん、南島の歌謡世界を教えてくれた和歌文学の研究者・山田洋嗣さんに謝意を表したいと思います。また、本書の刊行に際しては、福岡の弦書房、特に小野静男代表のお世話になったこともここに記し、謝辞に替えたいと思います。

二〇一七年夏

大嶋　仁

〔著者略歴〕

大嶋　仁（おおしま・ひとし）
福岡大学名誉教授、日本比較文学会および国際比較文学会理事、からつ塾代表
福岡大学で二〇年間比較文学を教える。その前はパリ国立東洋言語文化研究所、さらにその前は南米アルゼンチン、ペルーの大学で日本思想史と日本文学史を教える。海外に出たきっかけは大学に入った年の大学紛争。日本を逃れてフランス留学。以来、日本語・日本文学を外から見る視点を養ってきた。著書は『精神分析の都』（作品社）『福沢諭吉のすゝめ』（新潮選書）『ユダヤ人の思考法』（ちくま新書）『知の噴火口・九州の思想をたどる』（西日本新聞社）『正宗白鳥』（ミネルヴァ書房）『日本人の世界観』（中公叢書）のほか、“*El Pensamiento Japonés*”（ブエノスアイレス大学出版局）、“*Le développement d'une pensée nythique*”（オジリス出版）。

メタファー思考は科学の母

二〇一七年一〇月　五　日発行

著　者　大嶋　仁
発行者　小野静男
発行所　株式会社　弦書房
〒810-0041
福岡市中央区大名二―二―四三
ELK大名ビル三〇一
電　話　〇九二・七二六・九八八五
FAX　〇九二・七二六・九八八六

印刷・製本　シナノ書籍印刷株式会社

ISBN978-4-86329-157-7　C0010